O MELHOR DA MÚSICA CLÁSSICA

VOL. 4

PIANO SOLO

Nº Cat.: 326-A

Irmãos Vitale S.A. Indústria e Comércio
www.vitale.com.br
Rua França Pinto, 42 Vila Mariana São Paulo SP
CEP: 04016-000 Tel.: 11 5081-9499 Fax: 11 5574-7388

© Copyright 2012 by Irmãos Vitale S.A. Ind. e Com. - São Paulo - Brasil
Todos os direitos autorais reservados para todos os países. *All rights reserved.*

CRÉDITOS

Foto da capa
GENTILMENTE CEDIDA POR
YAMAHA MUSICAL DO BRASIL LTDA.

Capa e projeto gráfico
MAURÍCIO BISCAIA VEIGA

Coordenação editorial
ROBERTO VOTTA

Produção executiva
FERNANDO VITALE

CIP-BRASIL. CATALOGAÇÃO NA FONTE
SINDICATO NACIONAL DOS EDITORES DE LIVROS - RJ.

M469
v.4

O melhor da música clássica, vol. 4 : piano solo. - São Paulo : Irmãos Vitale, 2012.
104p. :música;

ISBN 978-85-7407-349-1

1. Música.
2. Música para piano.
3. Partituras.
 I. Título: Música clássica.

12-0602.   CDD: 786.2
                                                                                                           CDU: 78.089.7

01.02.12   02.02.12   032926

ÍNDICE

A la Hongroise
Alexandre Levy...48
Alvorecer
B. P. Godinho..8
A margarida
L. Streabbog..46
Ansiedade
T. Khallyhabby...40
Ave Maria
C. Gonoud..5
Berceuse
J. Brahms..56
Brasiliana nº 6
Osvaldo Lacerda...12
Canção do marinheiro
E. Grieg...38
Canto da cotovia
P. I. Tchaikovsky...10
Castilla
I. Albeniz..30
Dança-fantasia
R. Schumann..66
La Campanella
F. Lizst..74
Marcha da coroação
G. Meyerbee..62
Marcha fúnebre
F. Chopin..97
Marcha nupcial
F. Mendelssohn..24
Marcha turca
W. A. Mozart..90
O canto da bairrada
C. Pacheco...36
Ponteio nº 3
E. Villani Côrtes...94
Pour Elise
L. V. Beethoven..58
Prelúdios tropicais nº 1
Guerra-Peixe..53
Valsa do Danúbio Azul
J. Strauss..68
Valsinha pretensiosa
M. Camargo Guarnieri...44

Ave Maria

CHARLES GOUNOD

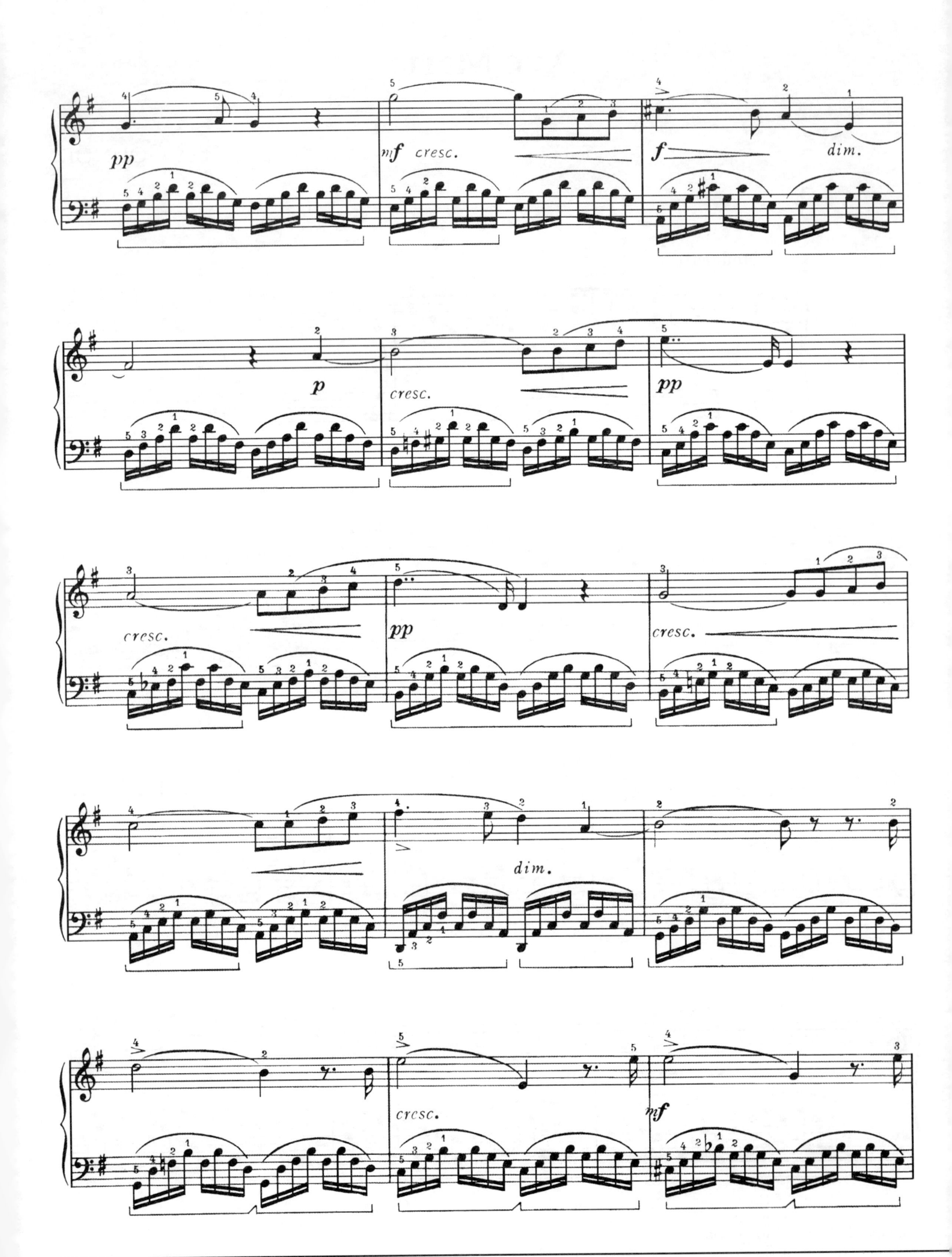
pp
mf cresc.
f
dim.
p
cresc.
pp
cresc.
pp
cresc.
dim.
cresc.
mf

O MELHOR DA MÚSICA CLÁSSICA

à pianista Maria Silivia Morandini Paoliello

Alvorecer

BELMACIO POUSA GODINHO

Moderato
Tempo de valsa

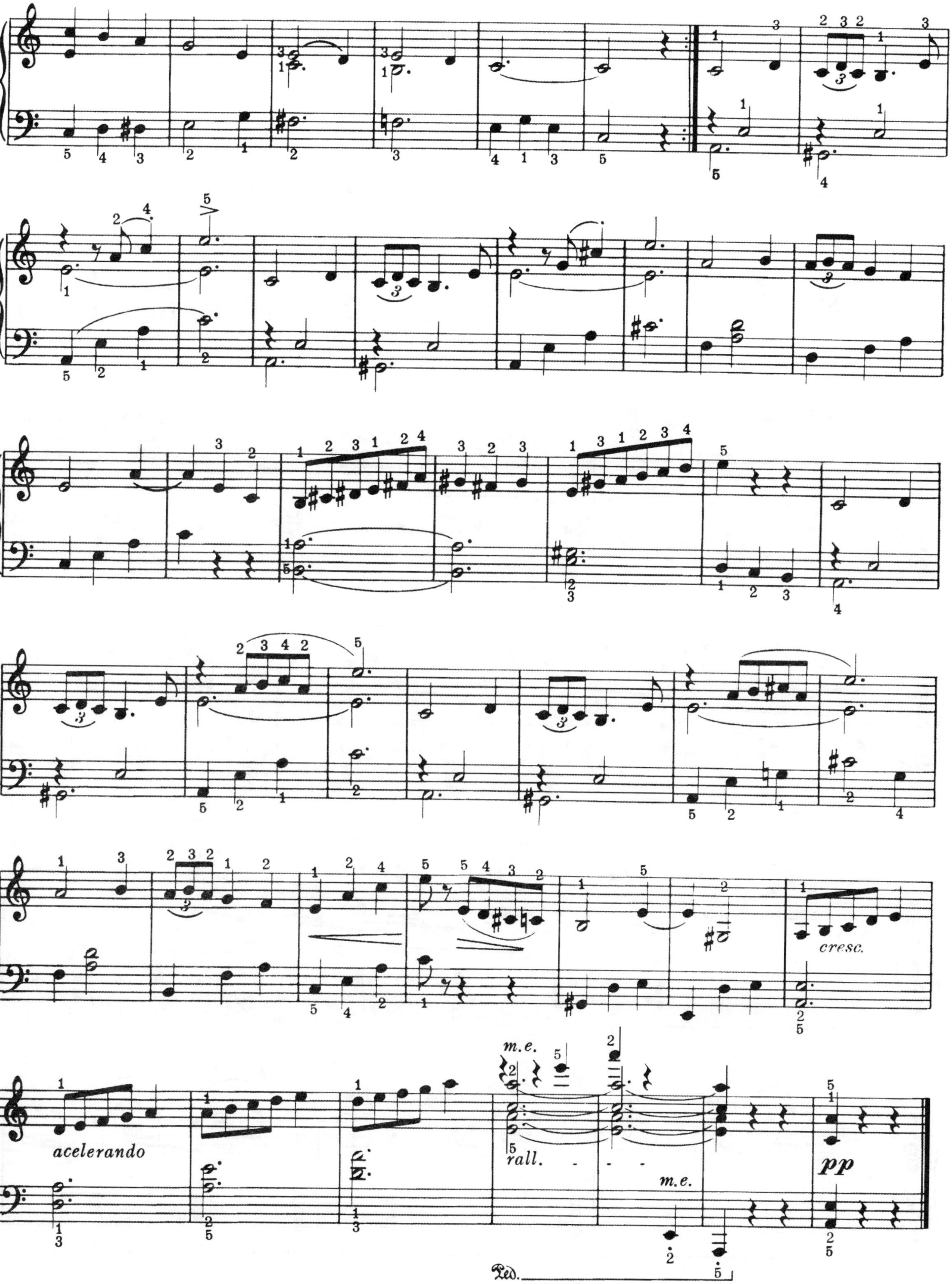
cresc.
acelerando
m.e.
rall.
m.e.
pp
Ped.

Canto da cotovia

(Das cenas da juventude)

Revisão de M. Nielsen

Piotr I. Tchaikovsky

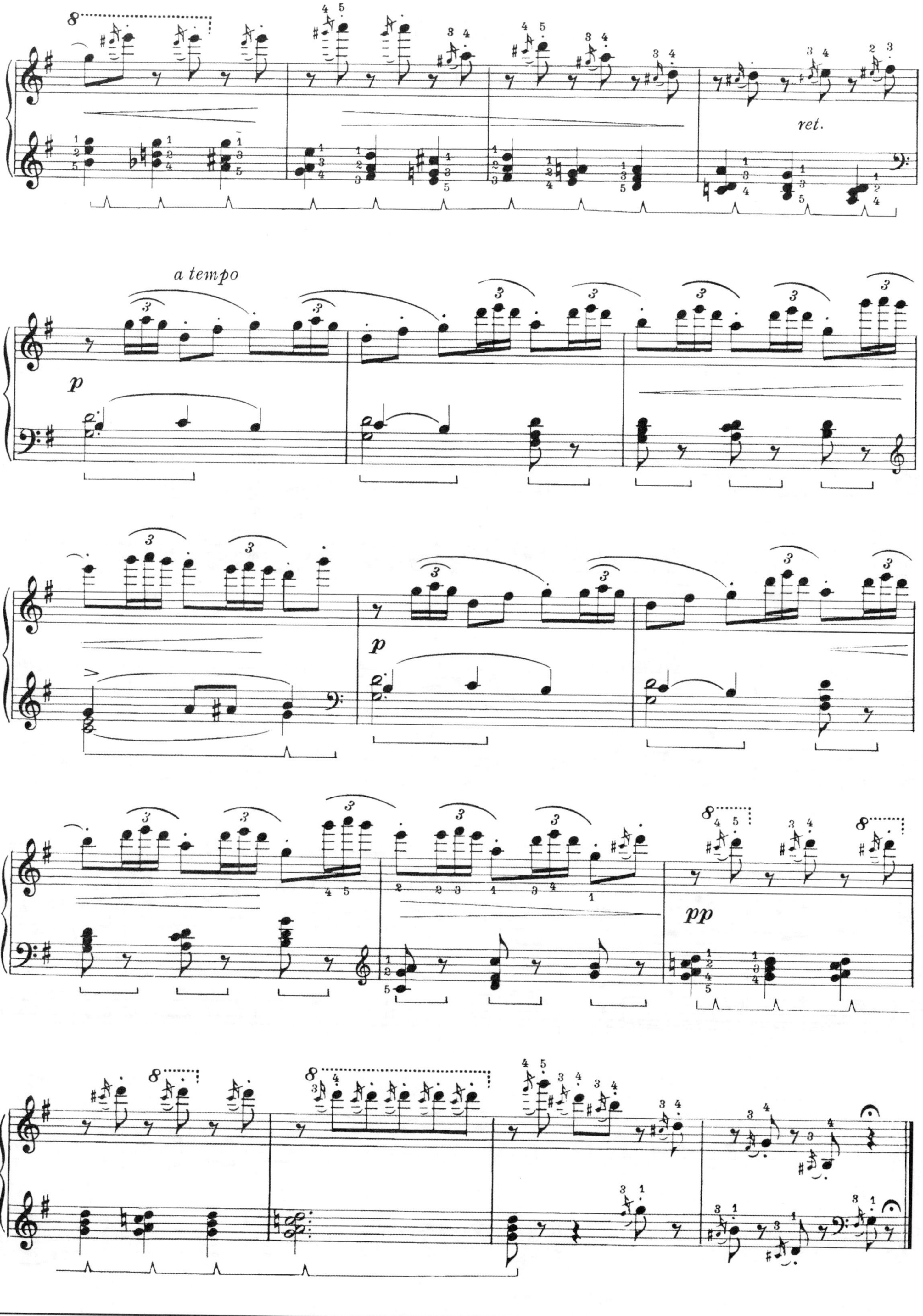
ret.
a tempo
p
p
pp

Brasiliana nº 6

(Das cenas da juventude)

OSVALDO LACERDA

a Eda Fiore
I. Roda

8
quasi
f
mf
delicado
poco rall.
p
VAR. II Moderado
(♩=104), rubato
mp sempre
Ped.
rit.
a tempo

rit.
rall.
p a tempo
mp
VAR. III
Vivo (♩.=132)
staccato
rall.
p
mf
sem pedal

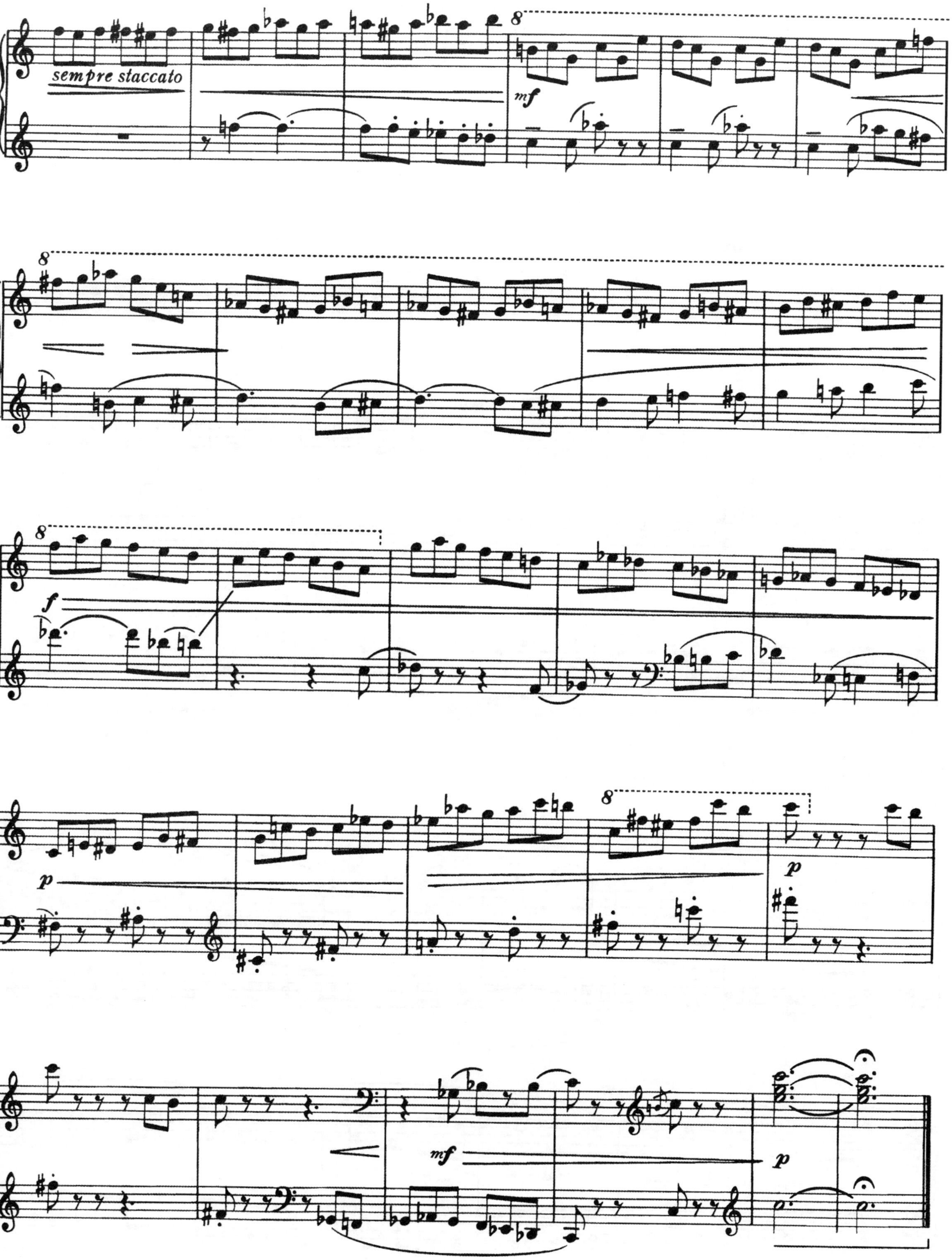
sempre staccato
mf
f
p

a Nellie Braga
II. Ponto

O MELHOR DA MÚSICA CLÁSSICA

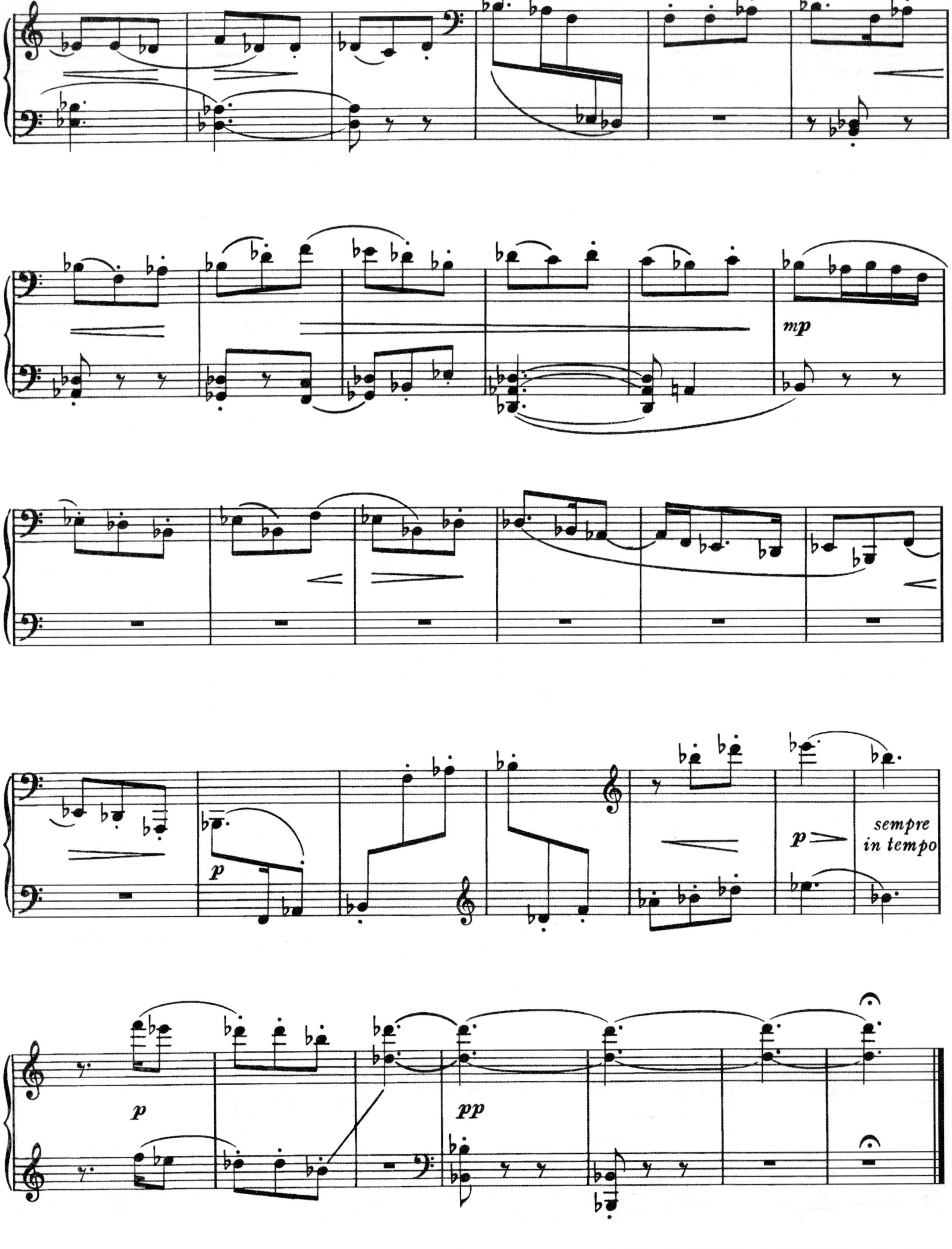
mp
p
sempre in tempo
pp

a Zulmira Elias José
III. Toada

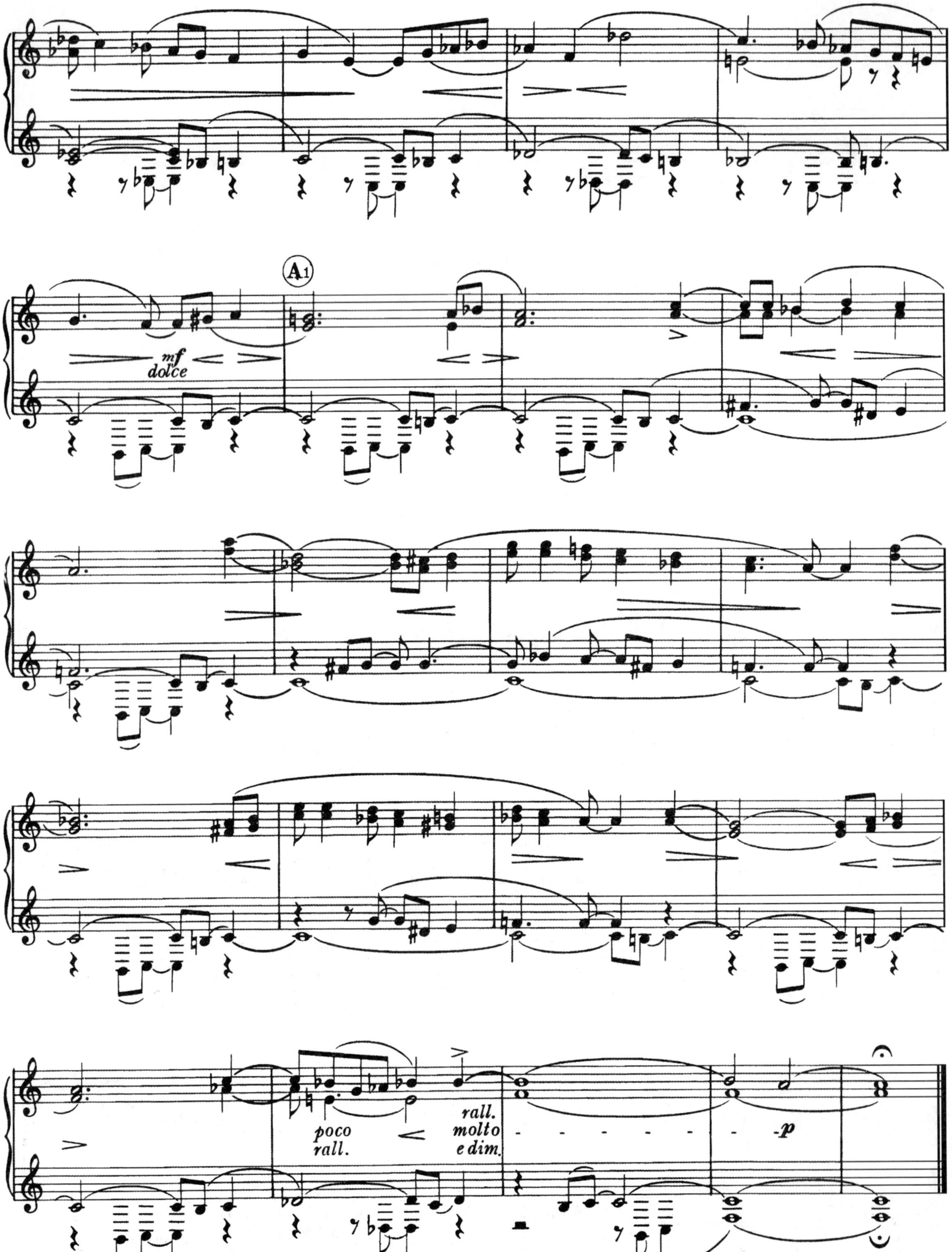
A1
mf
dolce
poco
rall.
rall.
molto
e dim.
p

a Nair Tabet

IV. Baião

22
O MELHOR DA MÚSICA CLÁSSICA

O MELHOR DA MÚSICA CLÁSSICA

Marcha nupcial

Op. 61 - nº 9

Revisão de Moura Lacerda

Felix Mendelssohn

© Copyright 1959 by Irmãos Vitale S.A. Ind. e Com.

O MELHOR DA MÚSICA CLÁSSICA

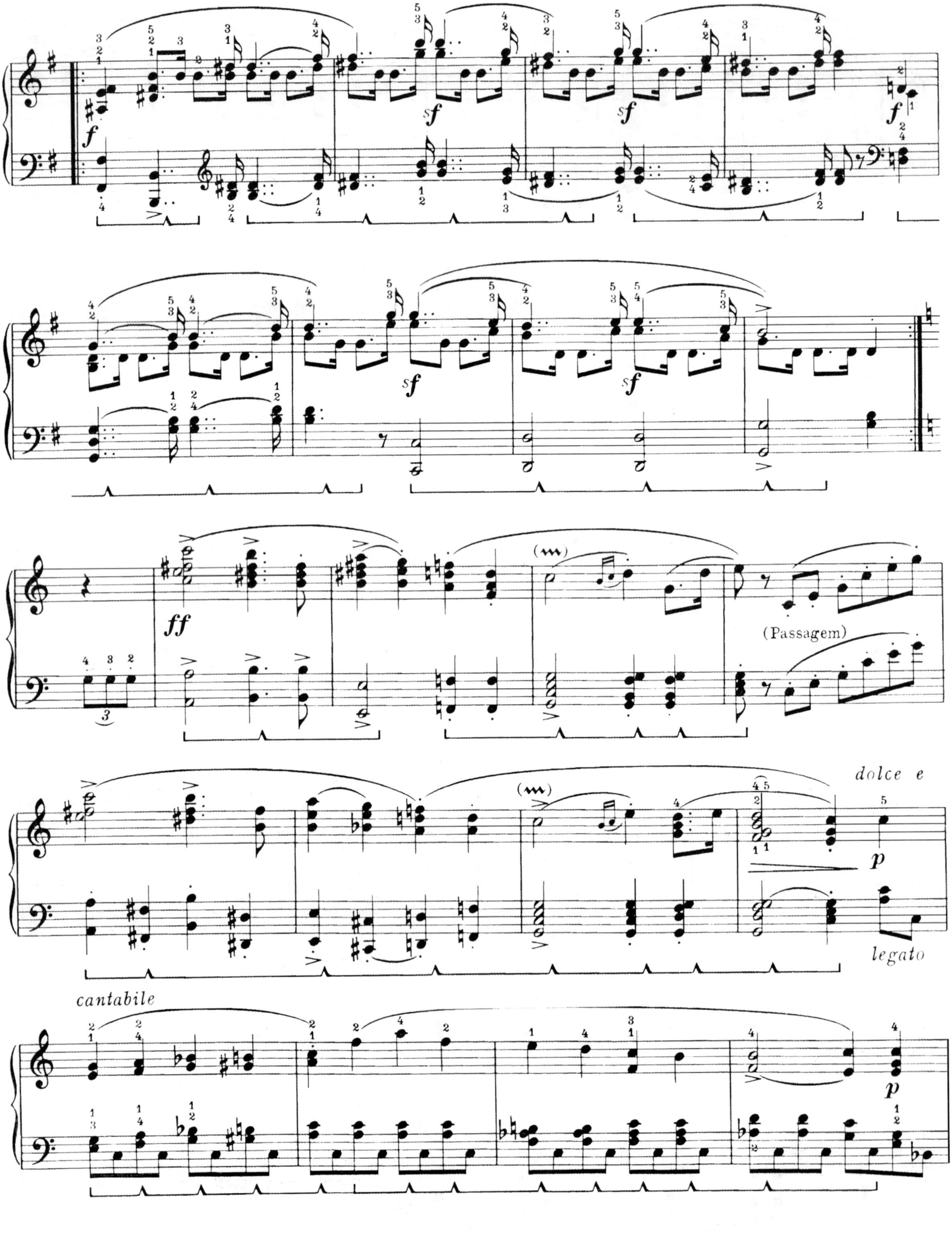
f
sf
sf
f
sf
sf
ff
(Passagem)
dolce e
p
legato
cantabile
p

O MELHOR DA MÚSICA CLÁSSICA

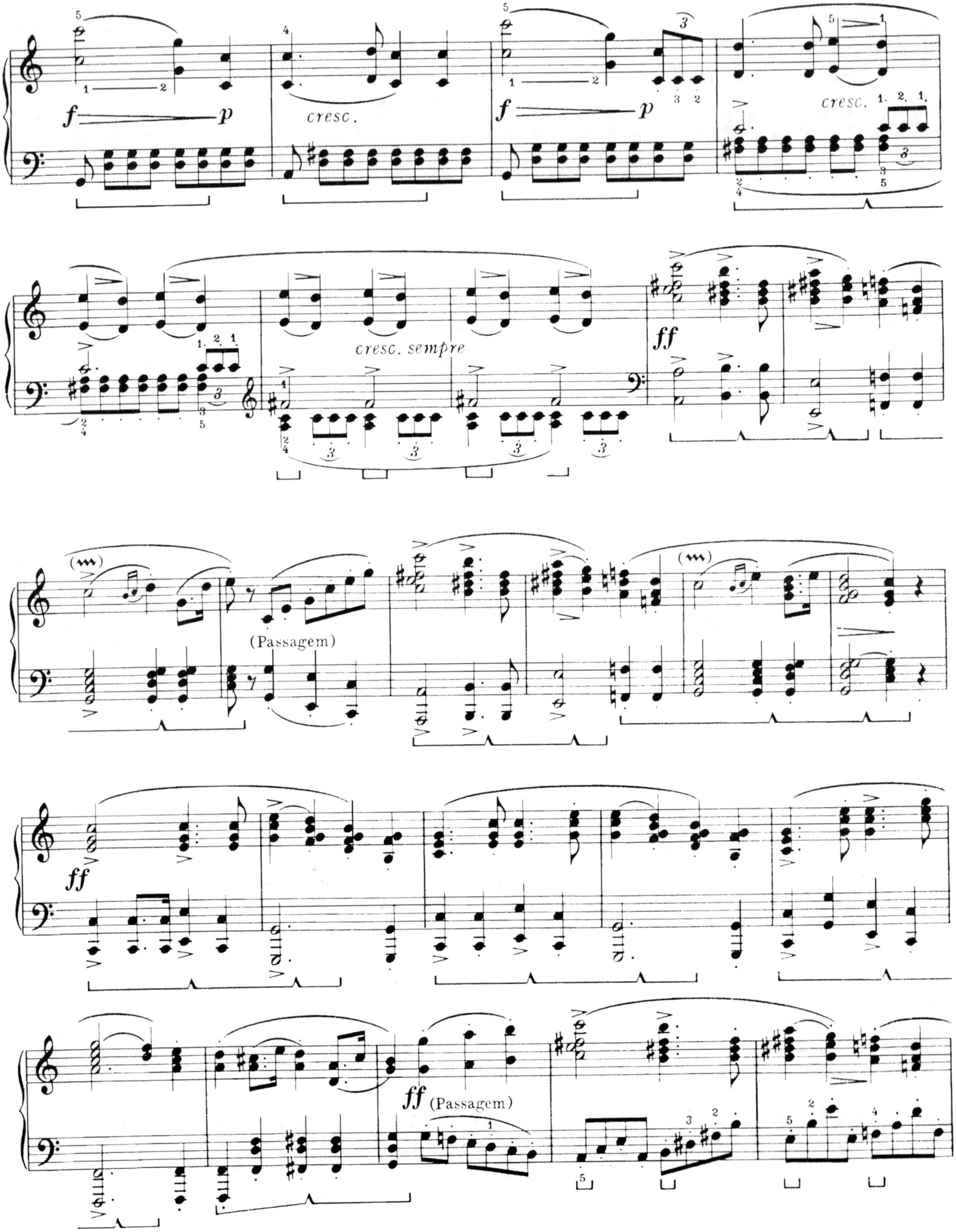
cresc.
cresc.
cresc. sempre
(Passagem)
(Passagem)

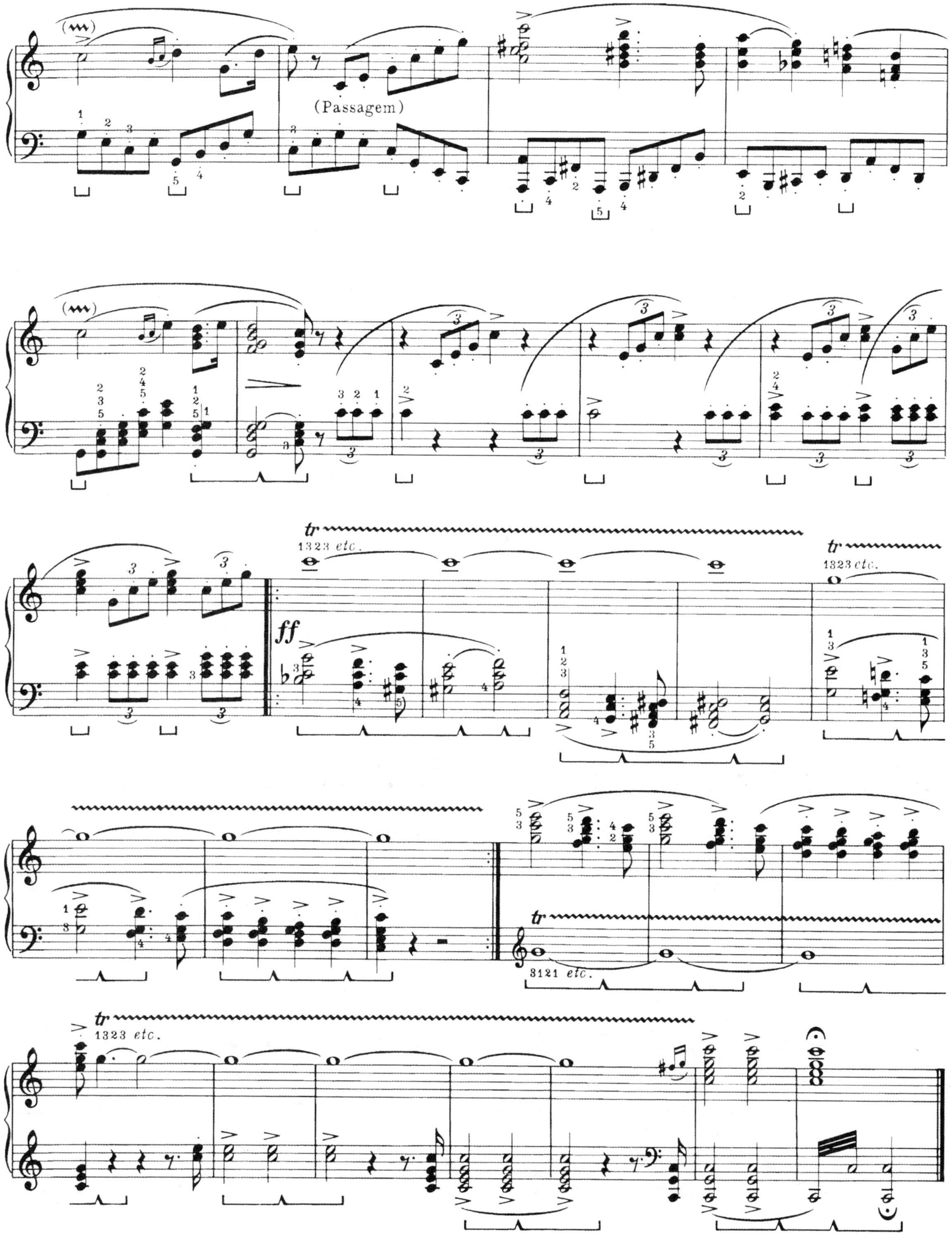
(Passagem)
tr
1323 etc.
ff
3121 etc.

Castilla

Suíte espanhola

Revisão e dedilhado de Heitor Alimonda

ISAAC ALBENIZ

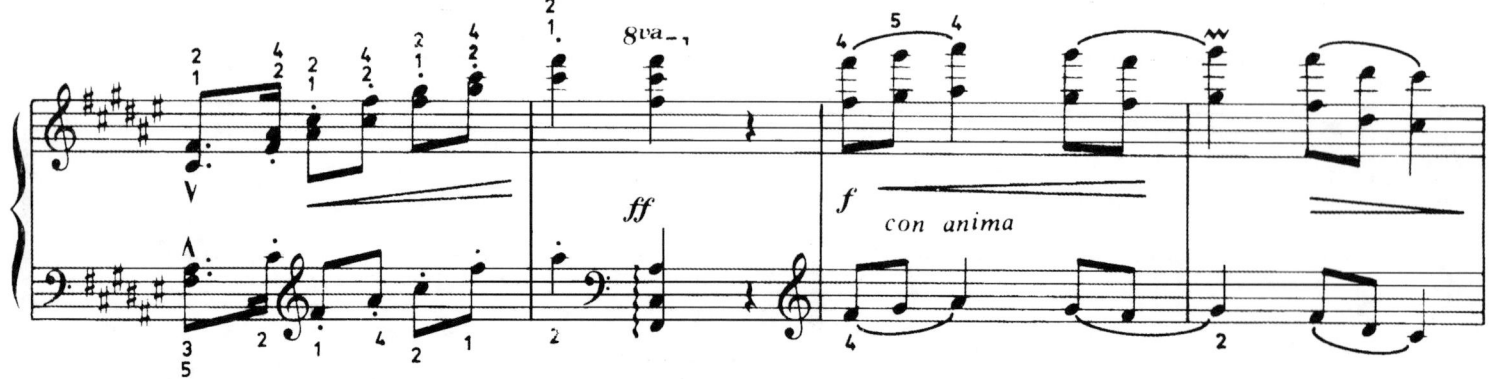

O MELHOR DA MÚSICA CLÁSSICA

Versão adotada pelo revisor

O MELHOR DA MÚSICA CLÁSSICA

a tempo
mf
cresc.
ff
cresc.
ff
rall.
ff a tempo
segue
ff
ff
ff
p
senza Ped.
ff
p
senza Ped.
ff
p
ff
8va

O MELHOR DA MÚSICA CLÁSSICA

à pequena pianista Edite Lourenço Motta

O canto da bairrada

Fadinho

CARLOS PACHECO
(PACHEQUINHO)

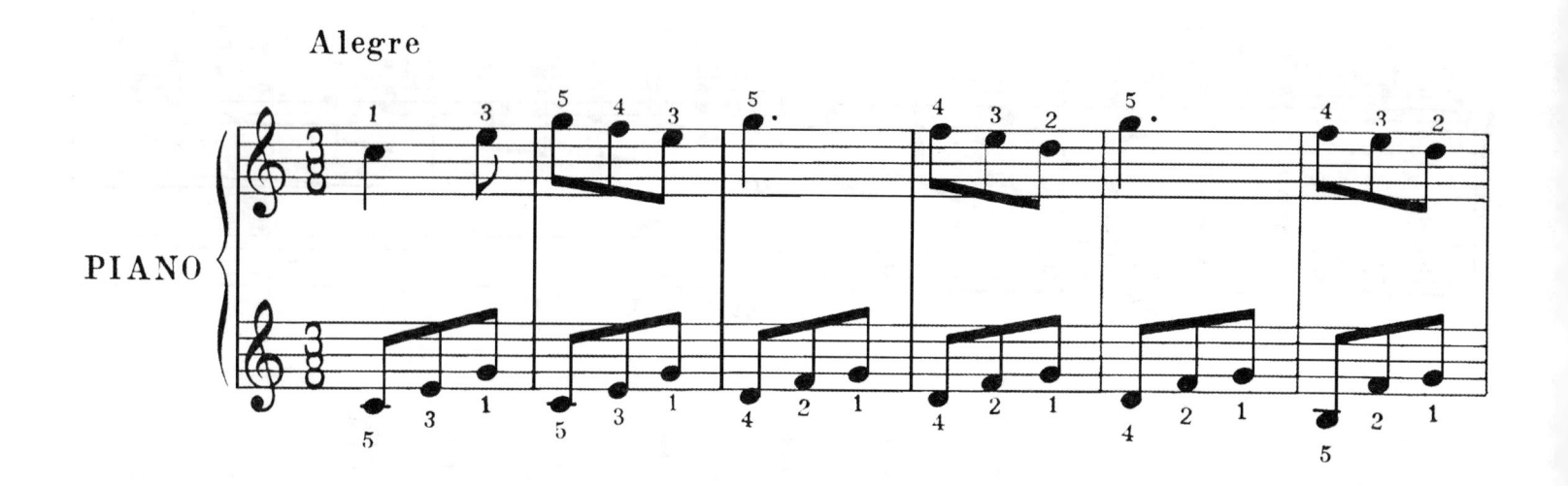

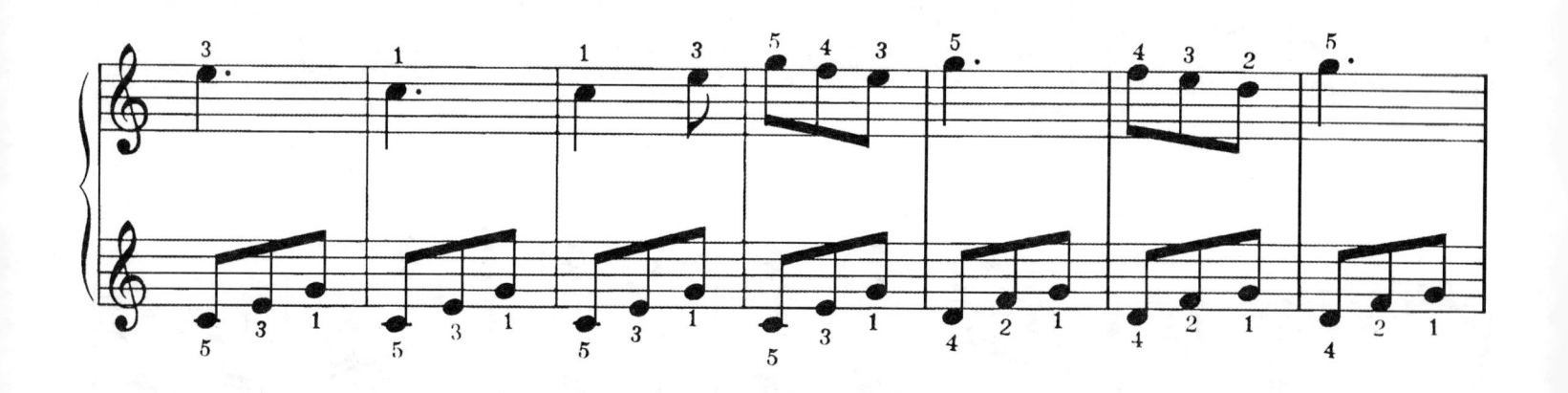

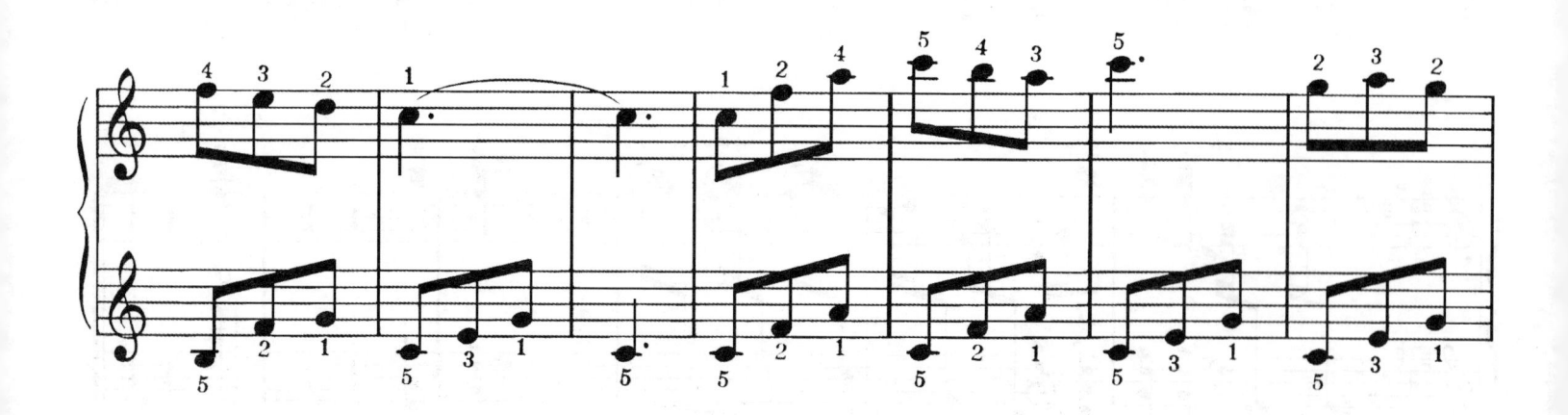

O MELHOR DA MÚSICA CLÁSSICA

Canção do marinheiro

Op. 68 - nº 1

Revisão de Moura Lacerda

EDVARD GRIEG

(non legato)
cresc.
e poco rit.
ff a tempo
ben marcato
poco a poco rit.
p
(non legato)
cresc.
poco ritard.
ff a tempo ben marcato poco a poco rall.

com muita estima, a Sandra Fonzari

Ansiedade

Prelúdio Op. 29 - nº 3

Tonyan Khallyhabby

O MELHOR DA MÚSICA CLÁSSICA

42

O MELHOR DA MÚSICA CLÁSSICA

Valsinha pretensiosa

Nº 4 da série dos Corumins

Mozart Camargo Guarnieri

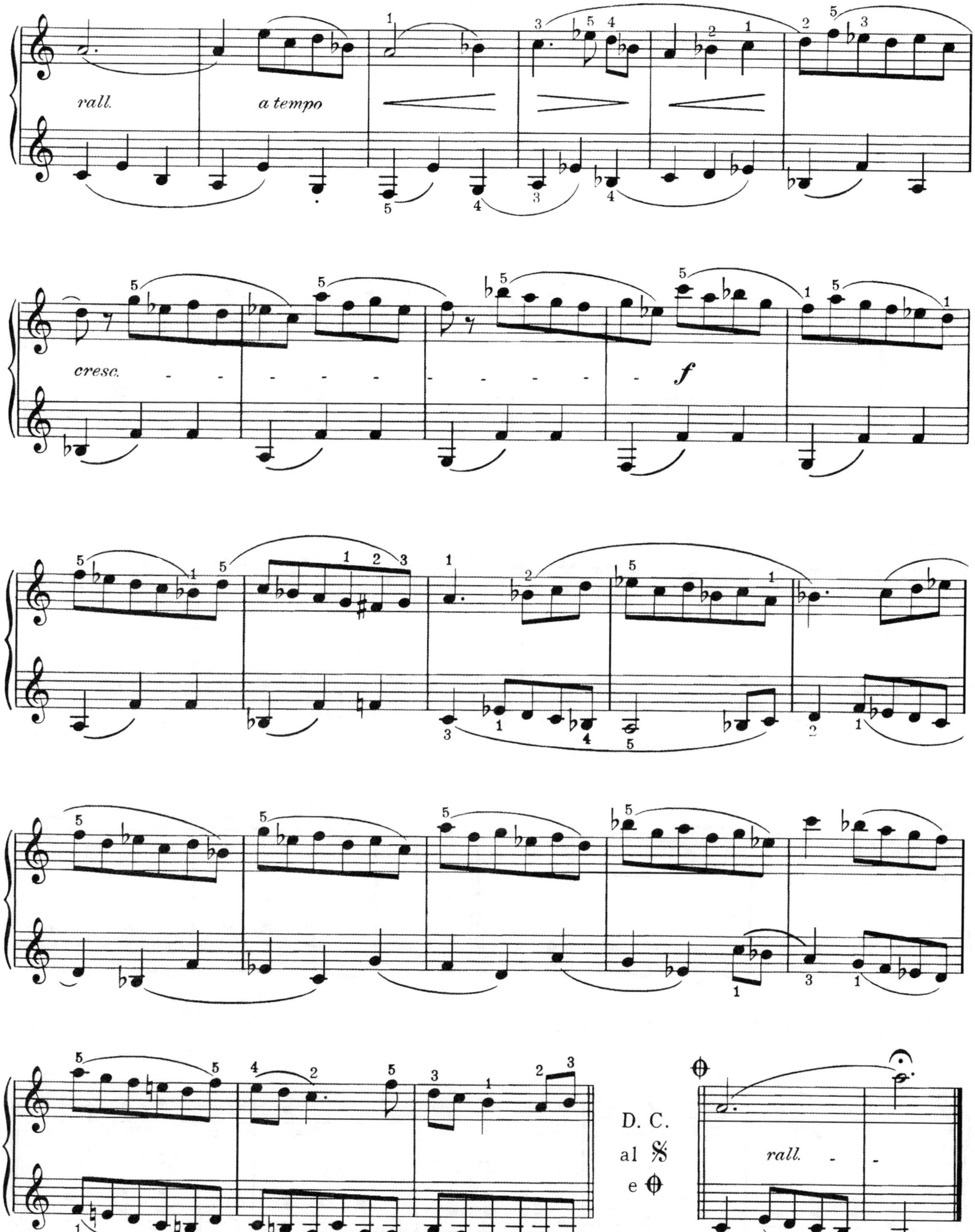
rall.
a tempo
cresc.
f
D. C.
al 𝄋
e ⊕
rall.

A margarida

Nº 2 da coleção Fleurs de Mai
Polka - Op. 99

L. Streabbog

O MELHOR DA MÚSICA CLÁSSICA

A la Hongroise

Op. 4 (nº 2 das 3 Improvisations)

Revisão de Souza Lima

ALEXANDRE LEVY

© Copyright 1964 by Irmãos Vitale S.A. Ind. e Com.

O MELHOR DA MÚSICA CLÁSSICA

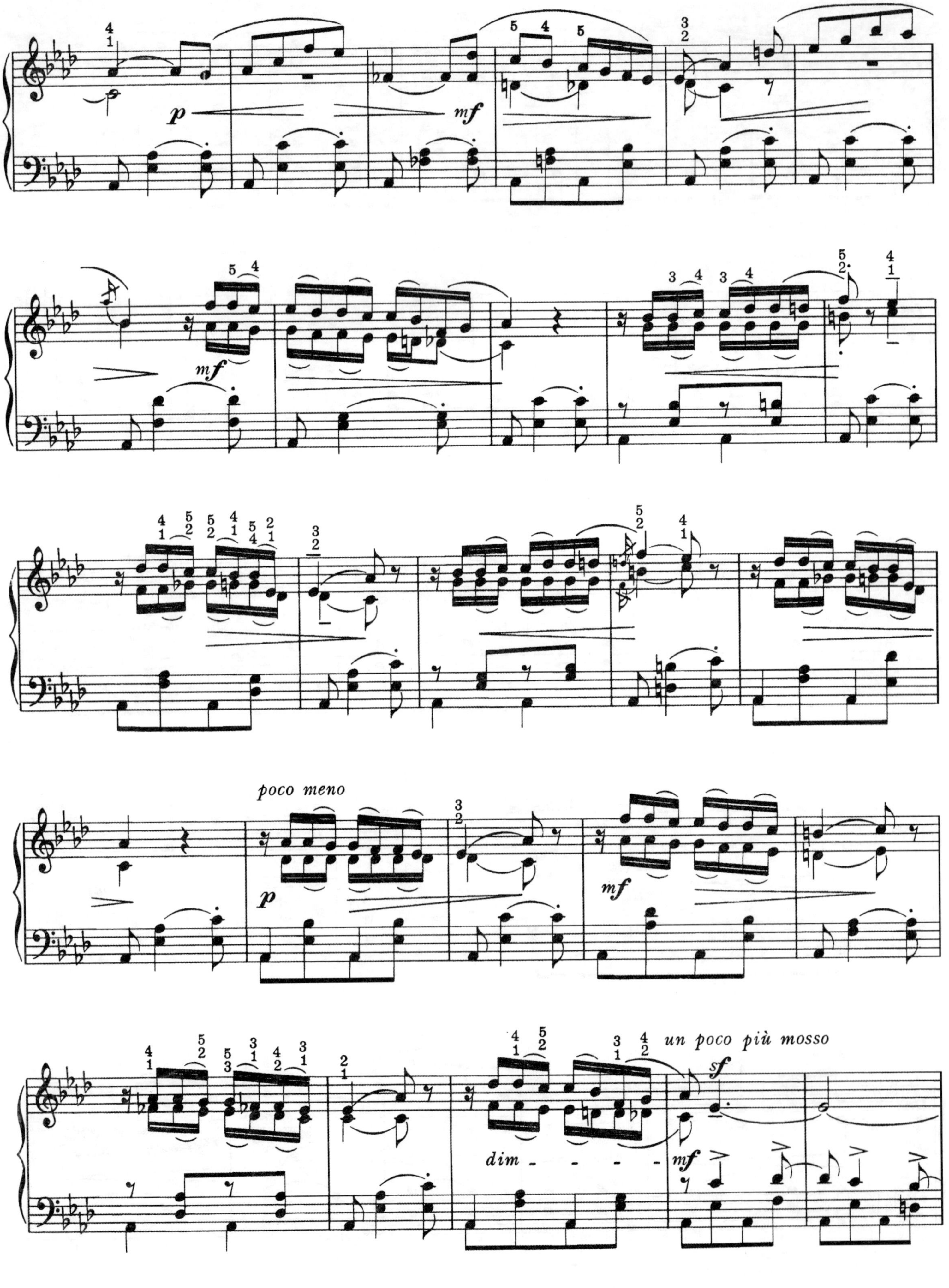
p
mf
poco meno
p
mf
dim
un poco più mosso
sf
mf

O MELHOR DA MÚSICA CLÁSSICA

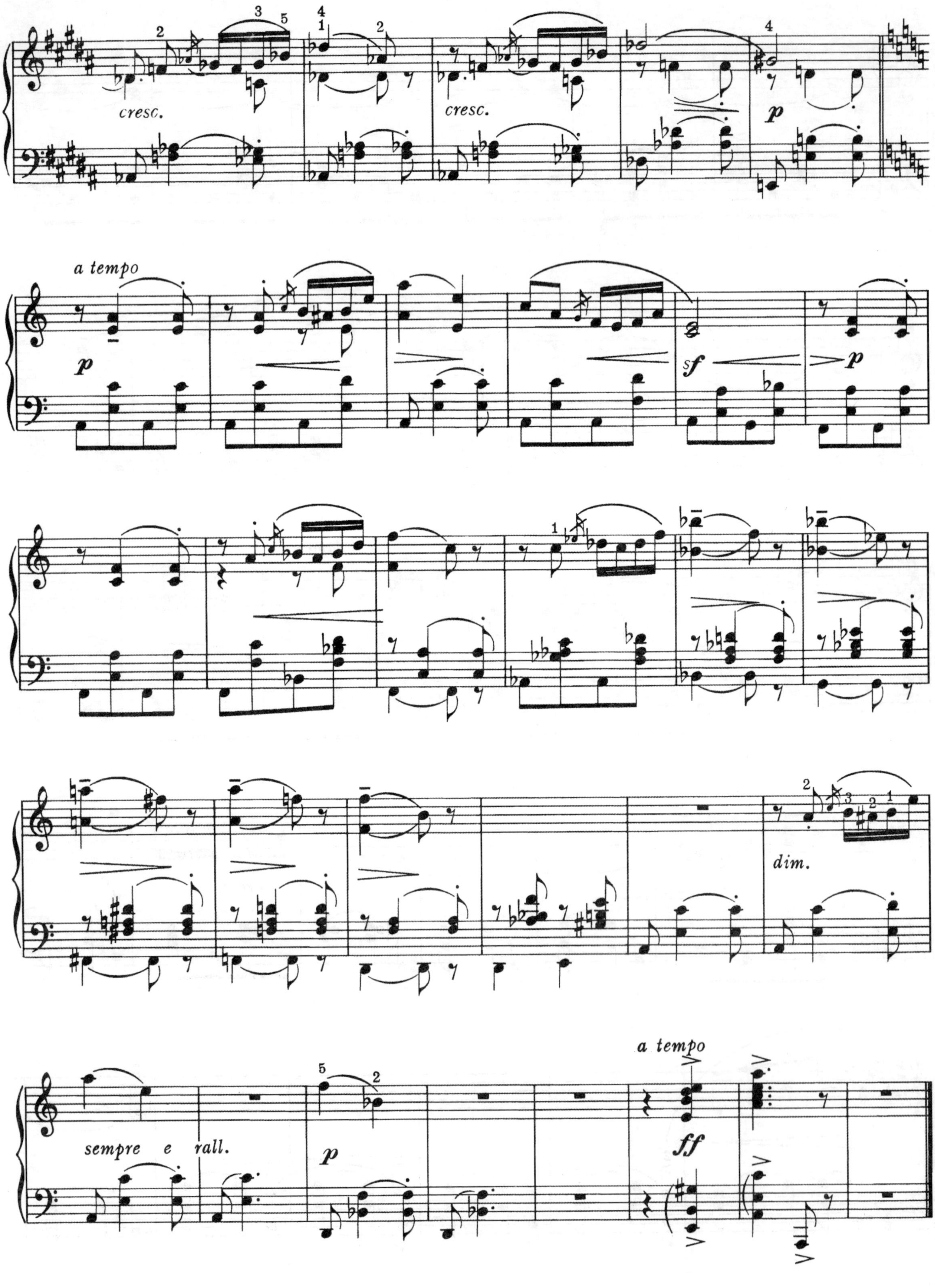
cresc.
cresc.
p
a tempo
p
sf
p
dim.
sempre e rall.
p
a tempo
ff

a Írany Leme

Prelúdios tropicais nº 1

Cantiga de folia de reis

GUERRA-PEIXE

cresc. e poco accel.
rit. e dim.
a tempo
a tempo cresc. e poco accel.
allarg.
mf
a tempo cresc. ed accel.
rit.
p
a tempo, ma un
a tempo
brillante
rit.
mf
più cresc. ed allarg.
f

poco meno
ma cominciare calmo e poi accel.
dim. e ritard.
(♭)
f
Tempo I (CA. ♩.=72)
mf cresc. ed accel.
rit. e dim.
mf
a tempo
L'istesso tempo
come prima
p
cresc.
p
mf
poco rit. e dim.
mp
p

Berceuse

Op. 49, n° 4

Revisão de Dinorá Carvalho

JOHANNES BRAHMS

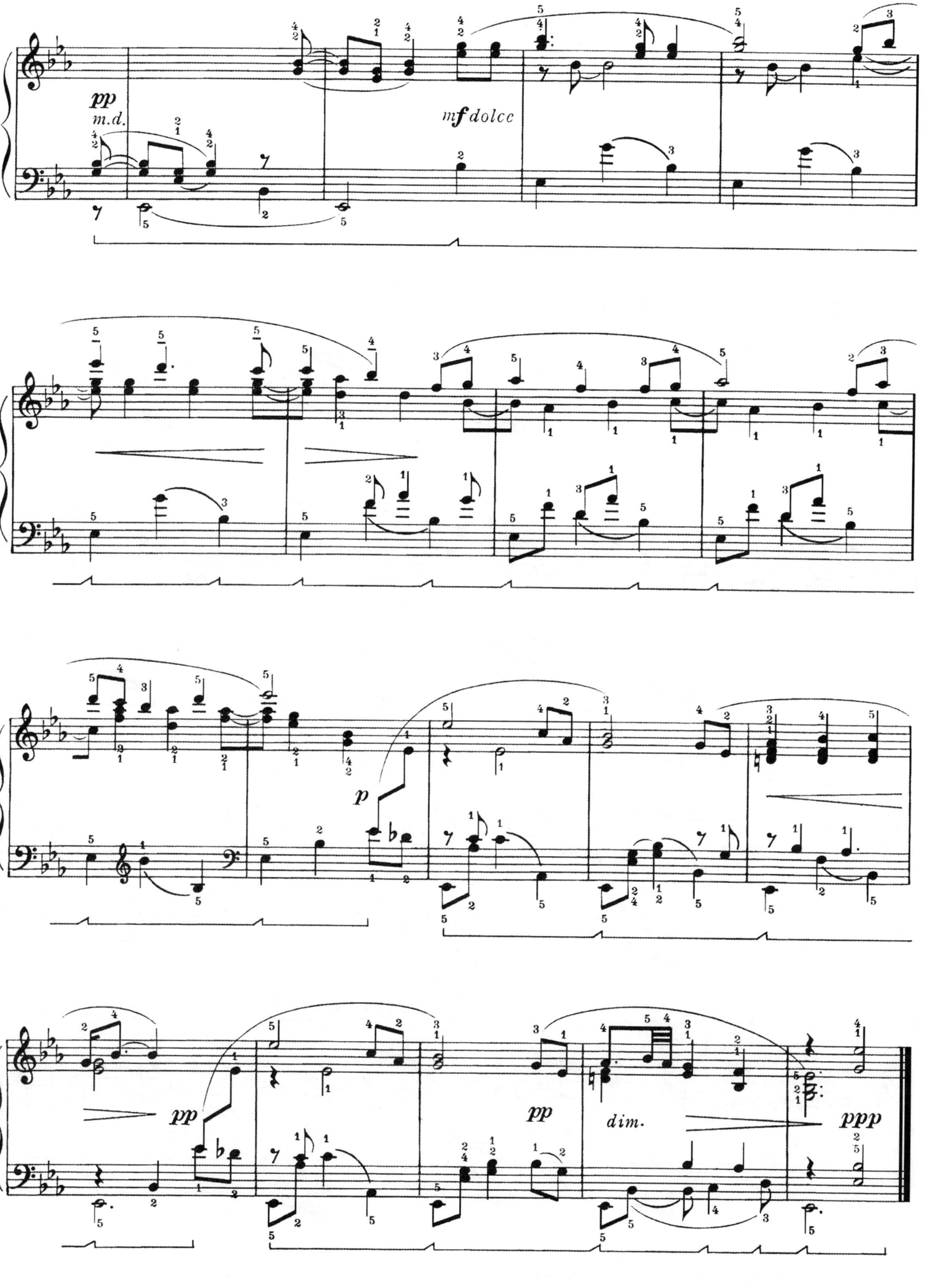

pp
m.d.
mf dolce
p
pp
pp
dim.
ppp

Pour Elise

Revisão de Souza Lima

LUDWIG VAN BEETHOVEN

59

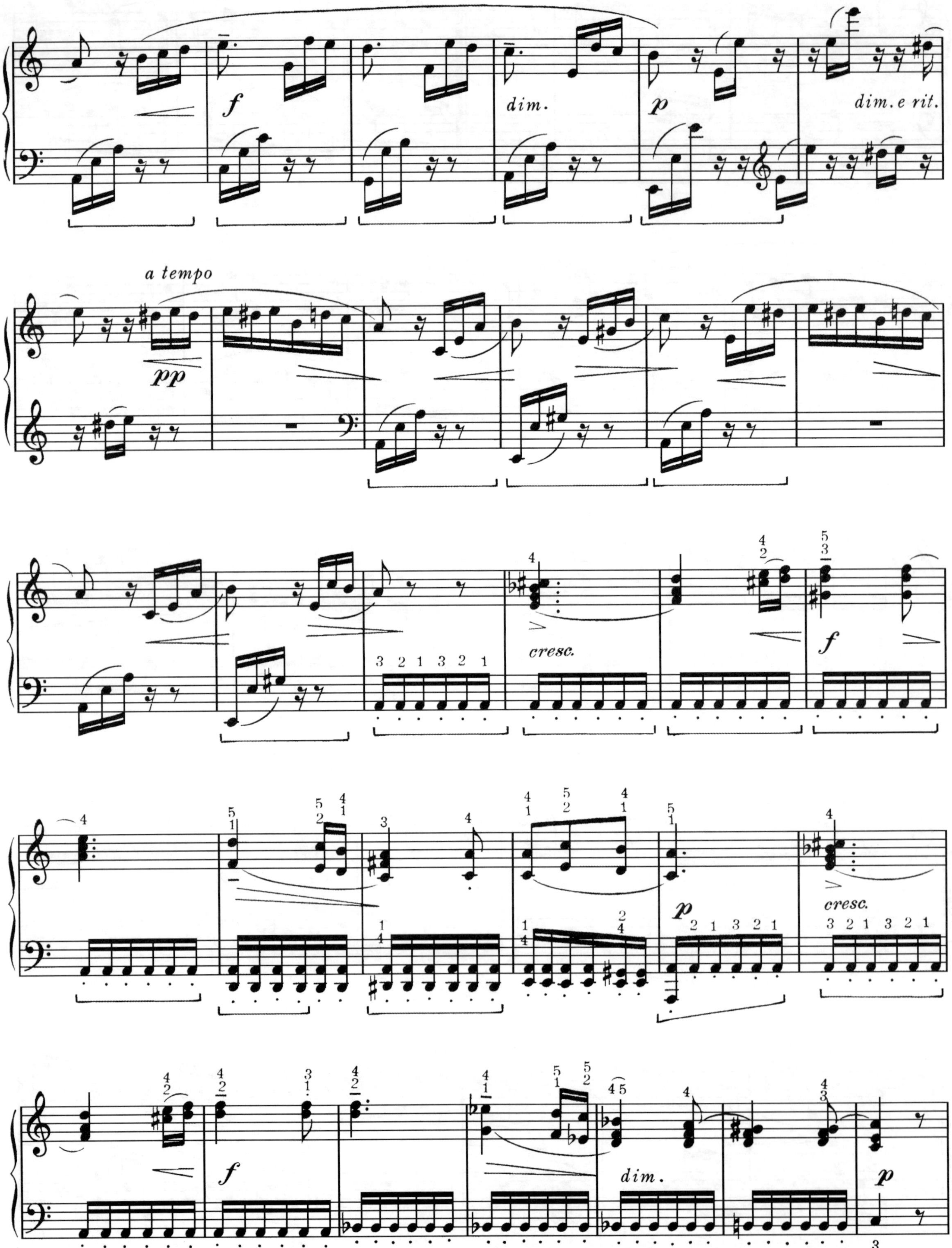
a tempo
dim.
dim. e rit.
cresc.
cresc.
dim.

O MELHOR DA MÚSICA CLÁSSICA

Marcha da coroação

da ópera Le Prophète

Revisão de Jaime Ingram

GIACOMO MEYERBEER

O MELHOR DA MÚSICA CLÁSSICA

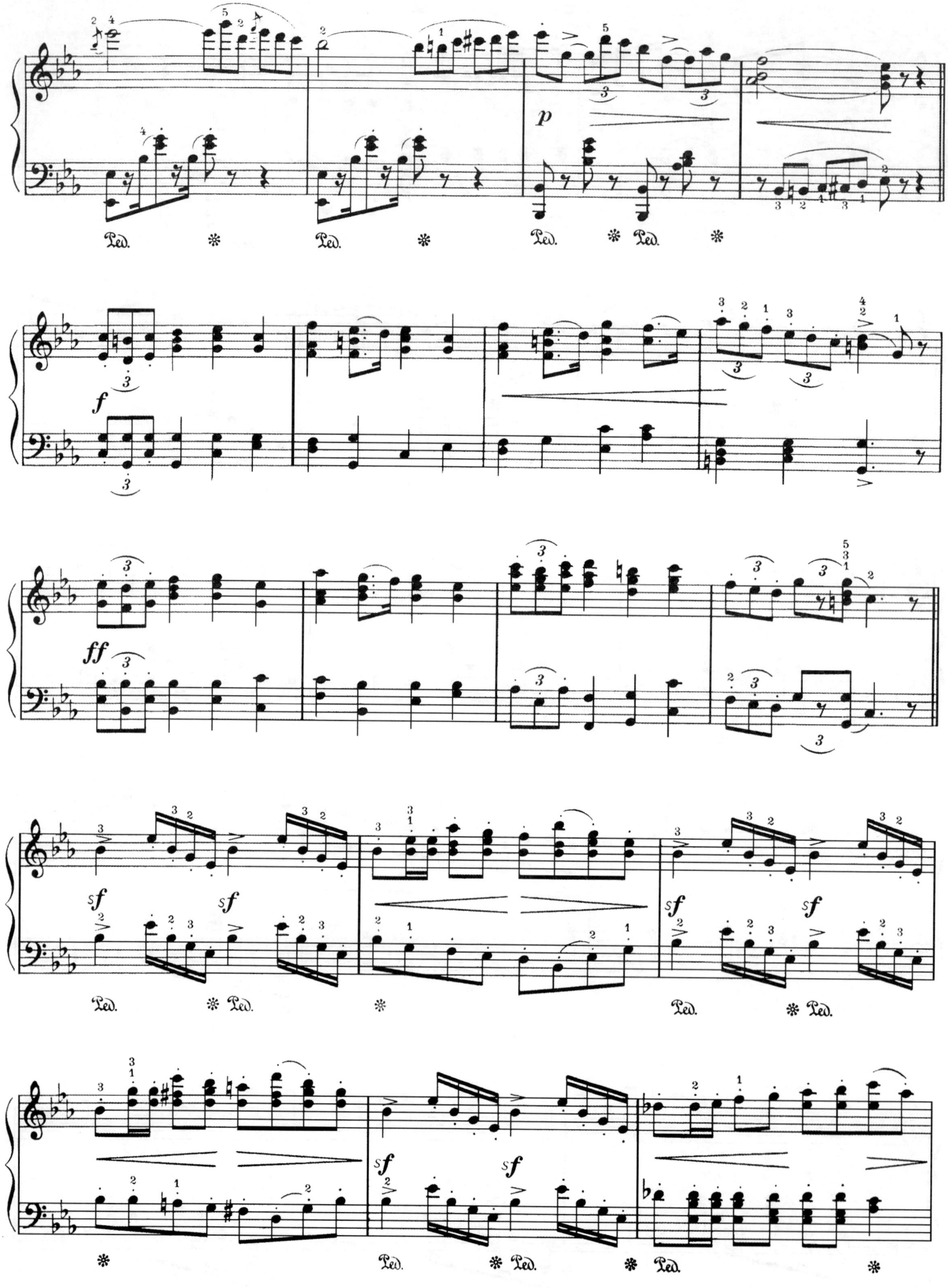
Ped.

O MELHOR DA MÚSICA CLÁSSICA

Dança-fantasia
Op. 124 - nº 5

Revisão de Lucilia Eugenia de Mello

Robert Schumann

O MELHOR DA MÚSICA CLÁSSICA

Valsa do Danúbio Azul

Op. 314

JOHANN STRAUSS

Tempo di Valse

VALSA

O MELHOR DA MÚSICA CLÁSSICA

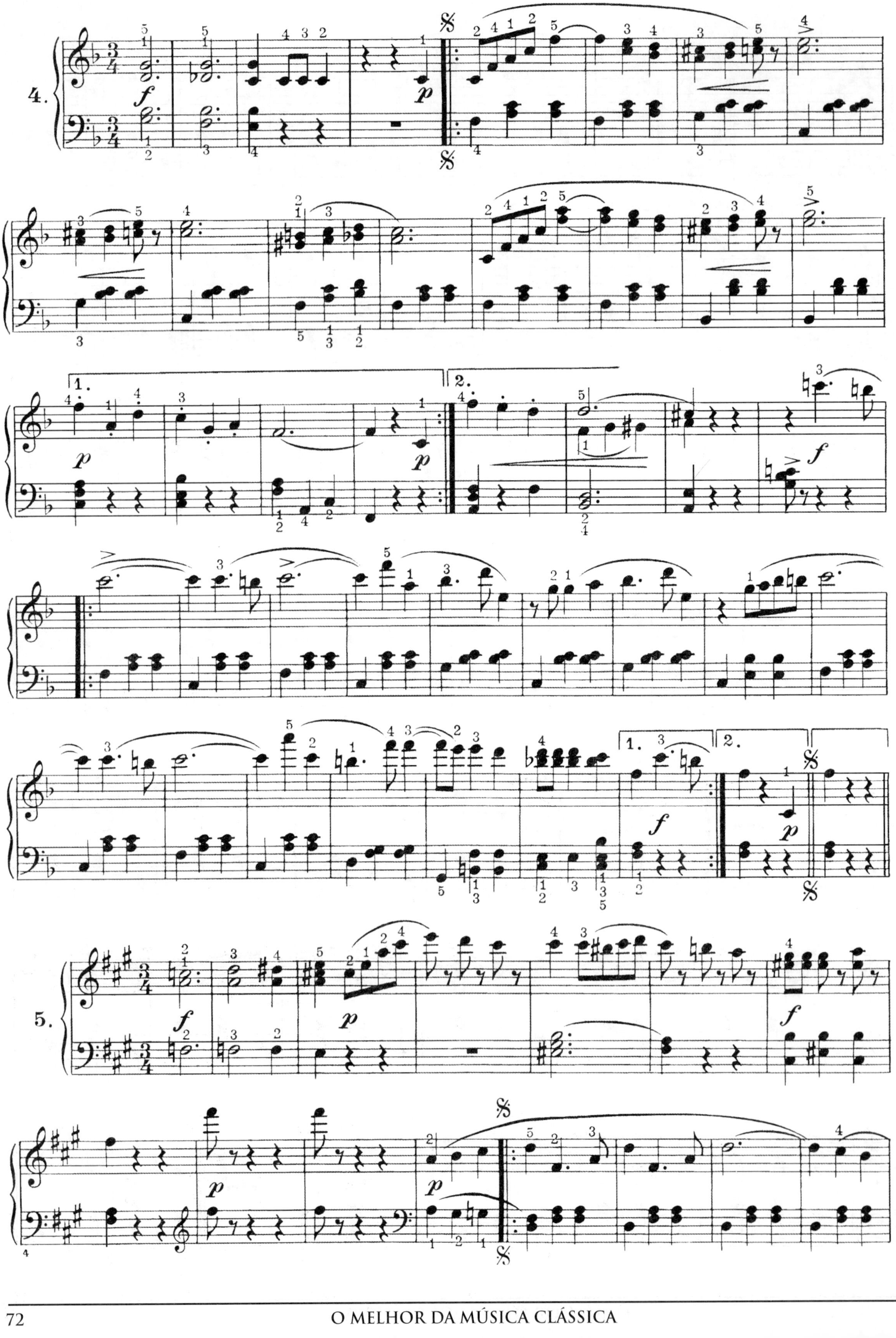
4.
5.

O MELHOR DA MÚSICA CLÁSSICA

La Campanella

Revisão, dedilhado e anotações de
Souza Lima

FRANZ LISZT

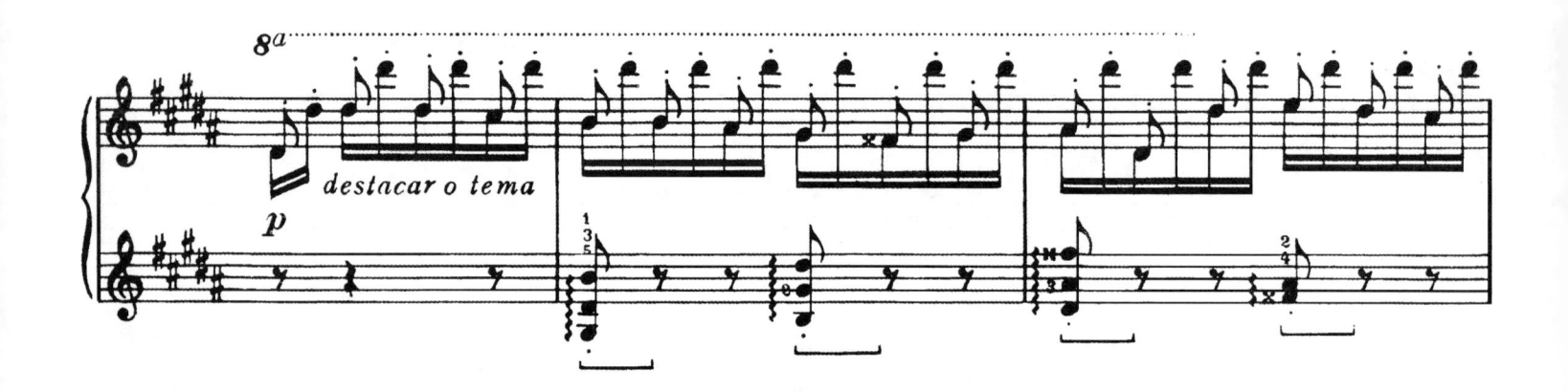

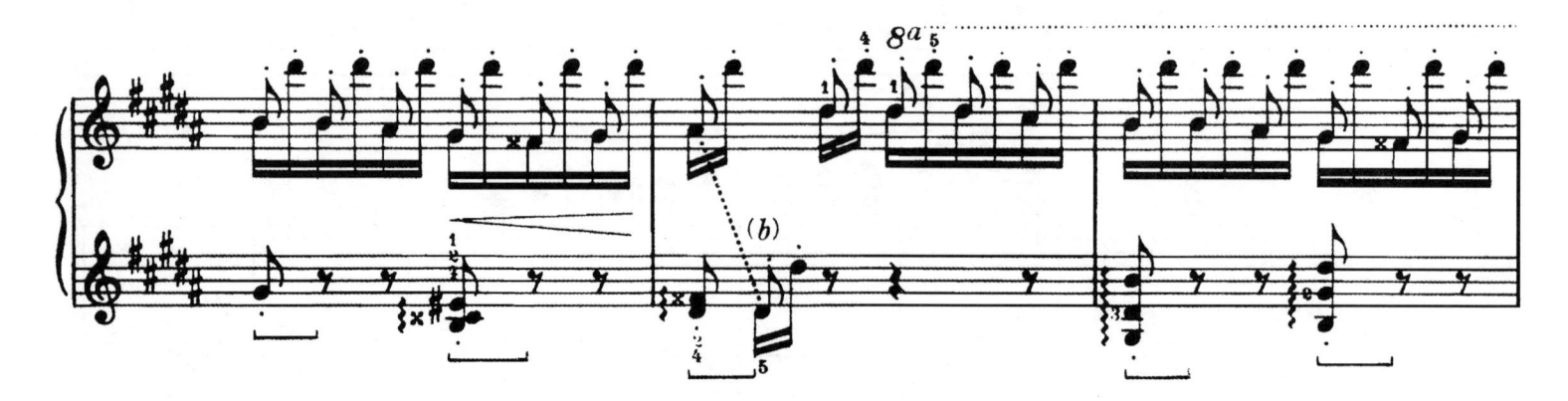

(a) A "Campanella" não faz parte dos caprichos para violino só, de Paganini; ela é o rondó final (La clochette) do 2º concerto em si menor, op.7 (obra postuma) desse autor.
Liszt escreveu duas versões desse trecho: "Fantaisie de bravoure sur la clochette" (op. 2, composta em 1838) e este estudo (1851) que está incluido na coleção dos "Seis grandes estudos de Paganini" dedicados à Clara Schumann.

(b) Aqui, como em varios trechos desta peça, aproveitamos o auxilio da mão esquerda com o fim de facilitar a execução. Esse processo não nos parece prejudicar o efeito uma vez que a acentuação, o fraseado e a sonoridade sejam cuidadosamente estudados.

© Copyright 1945 by Irmãos Vitale S.A. Ind. e Com.

(a) *Muito adotada é a versão seguinte:*

(b) *Neste compasso, tambem, a distribuição seguinte facilita, produzindo grande efeito de virtuosidade:*

a) Chamamos a atenção para que a acentuação musical nesta passagem (assim como nas outras semelhantes) não se apresente da maneira defeituosa seguinte:

(a) *Ver a nota* (b) *na página 1*

(a) *Versão facilitada:*

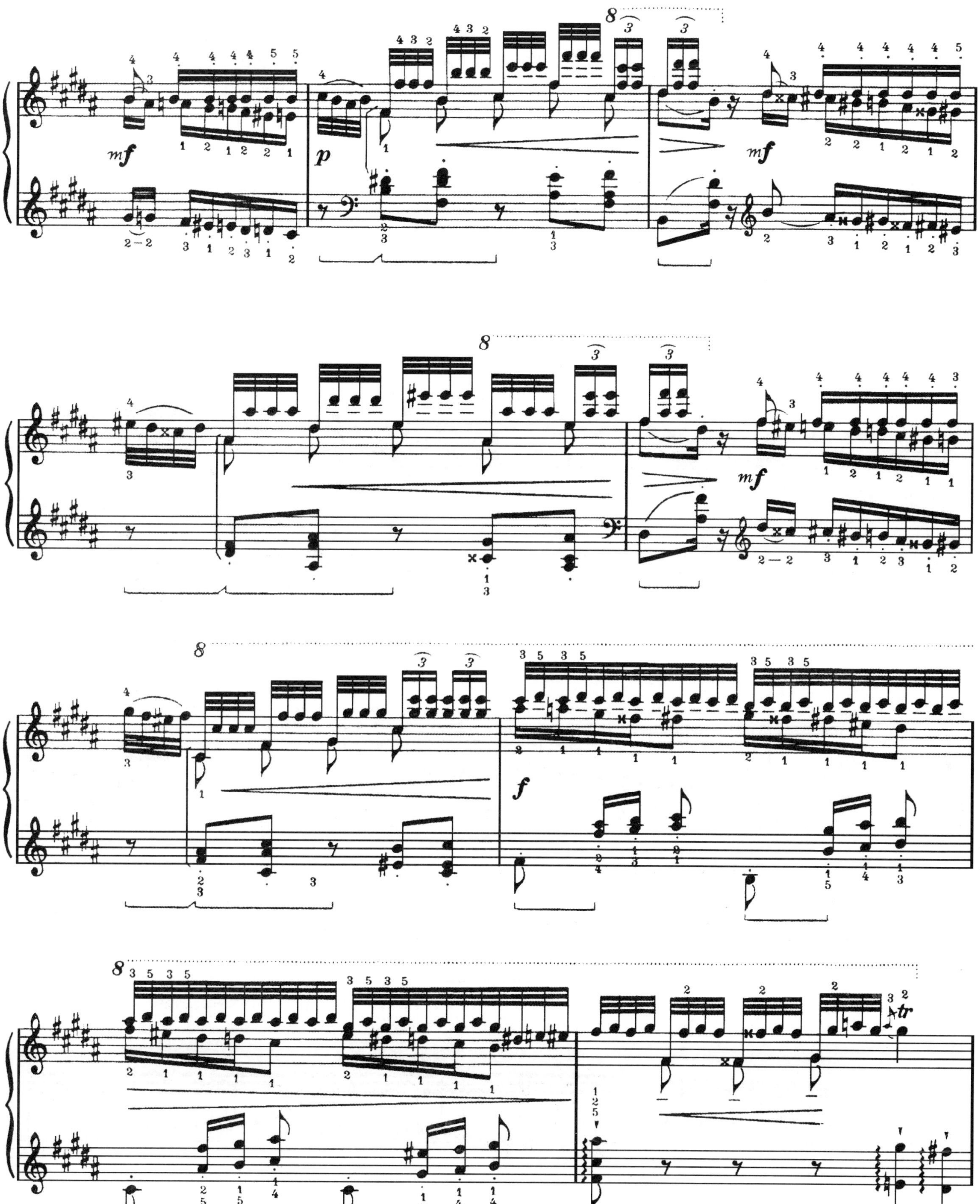
mf
p
mf
mf
f
tr

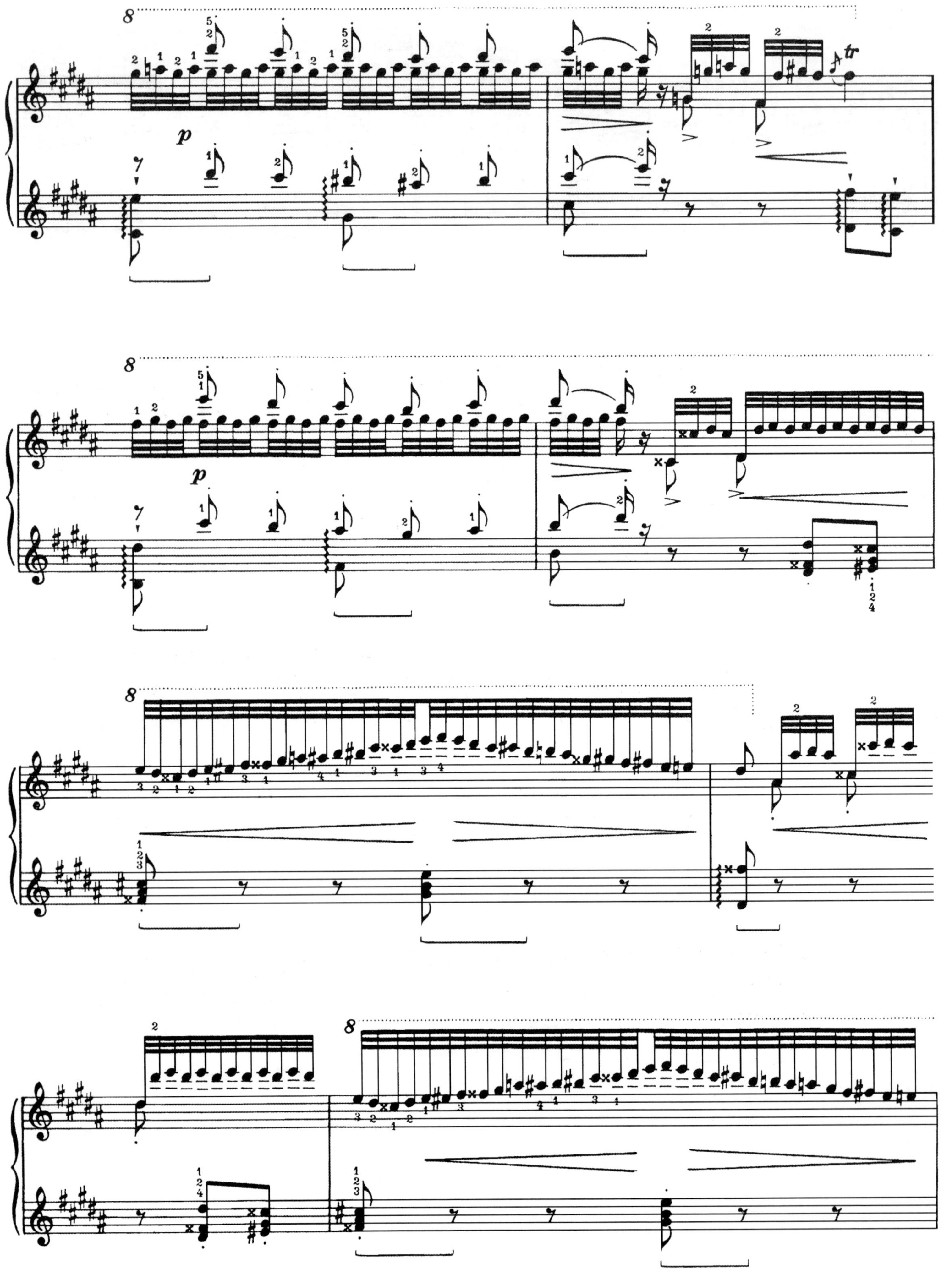

(a) O concurso da mão esquerda nesta passagem é da maior vantagem possível, facilitando a realização técnica e aumentando o efeito pianístico.

(b) O pedal nesta passagem cromática poderá ser aplicado em maneira de "battements" de acordo com a graduação do crescendo realizado.

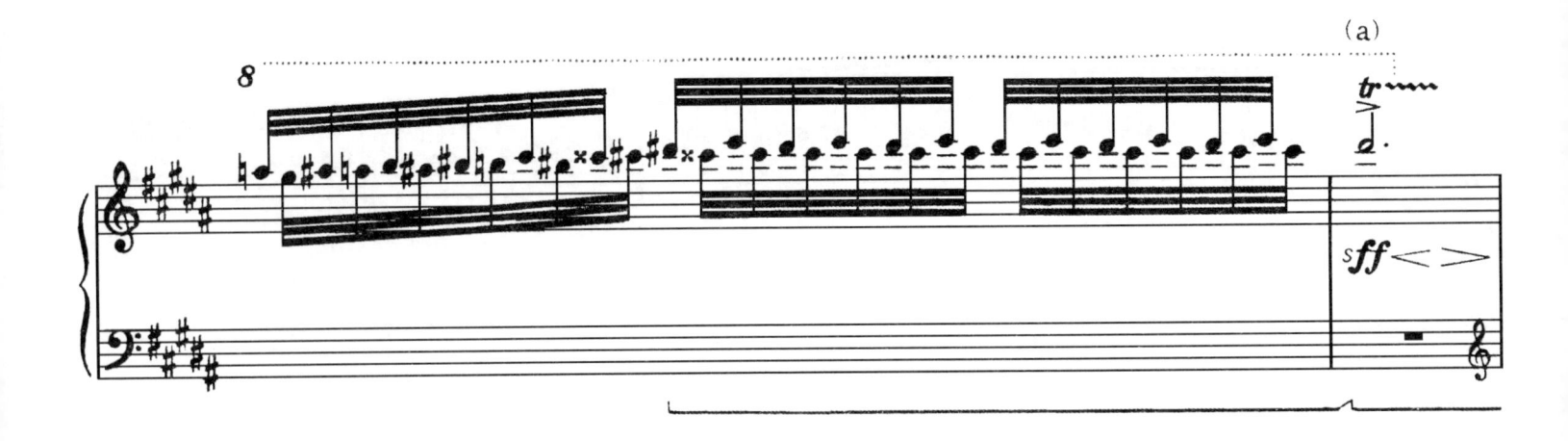

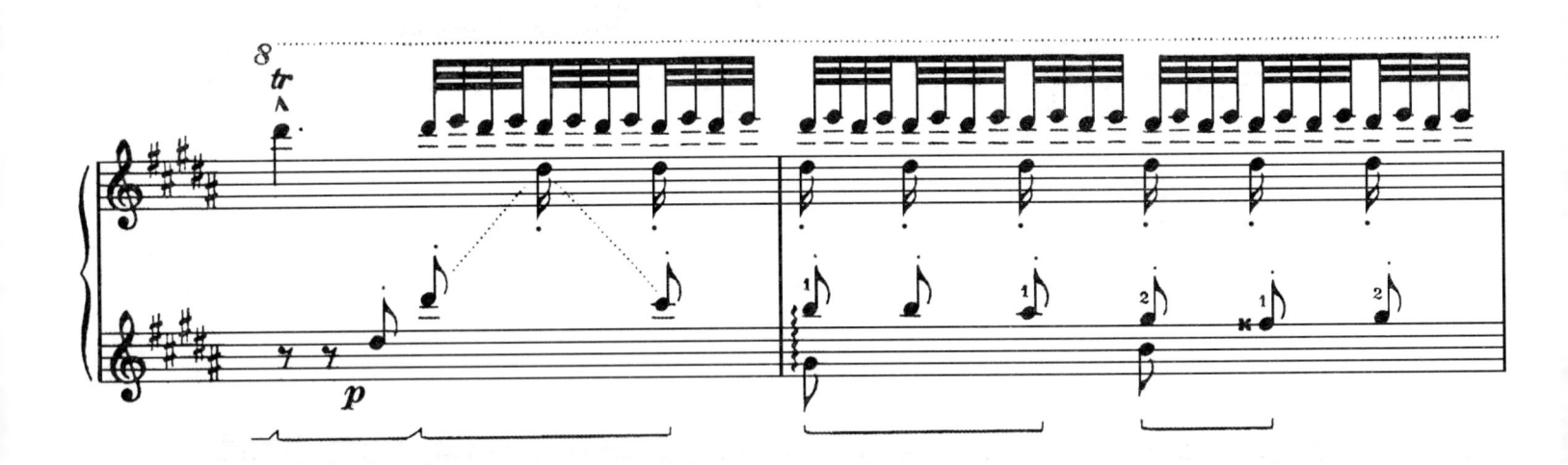

(a) O efeito de sonoridade exigido por este trinado só é possível quando realizado com o auxílio da mão esquerda em movimento alternado:

conservando-se a mão direita sobre a esquerda.

O MELHOR DA MÚSICA CLÁSSICA

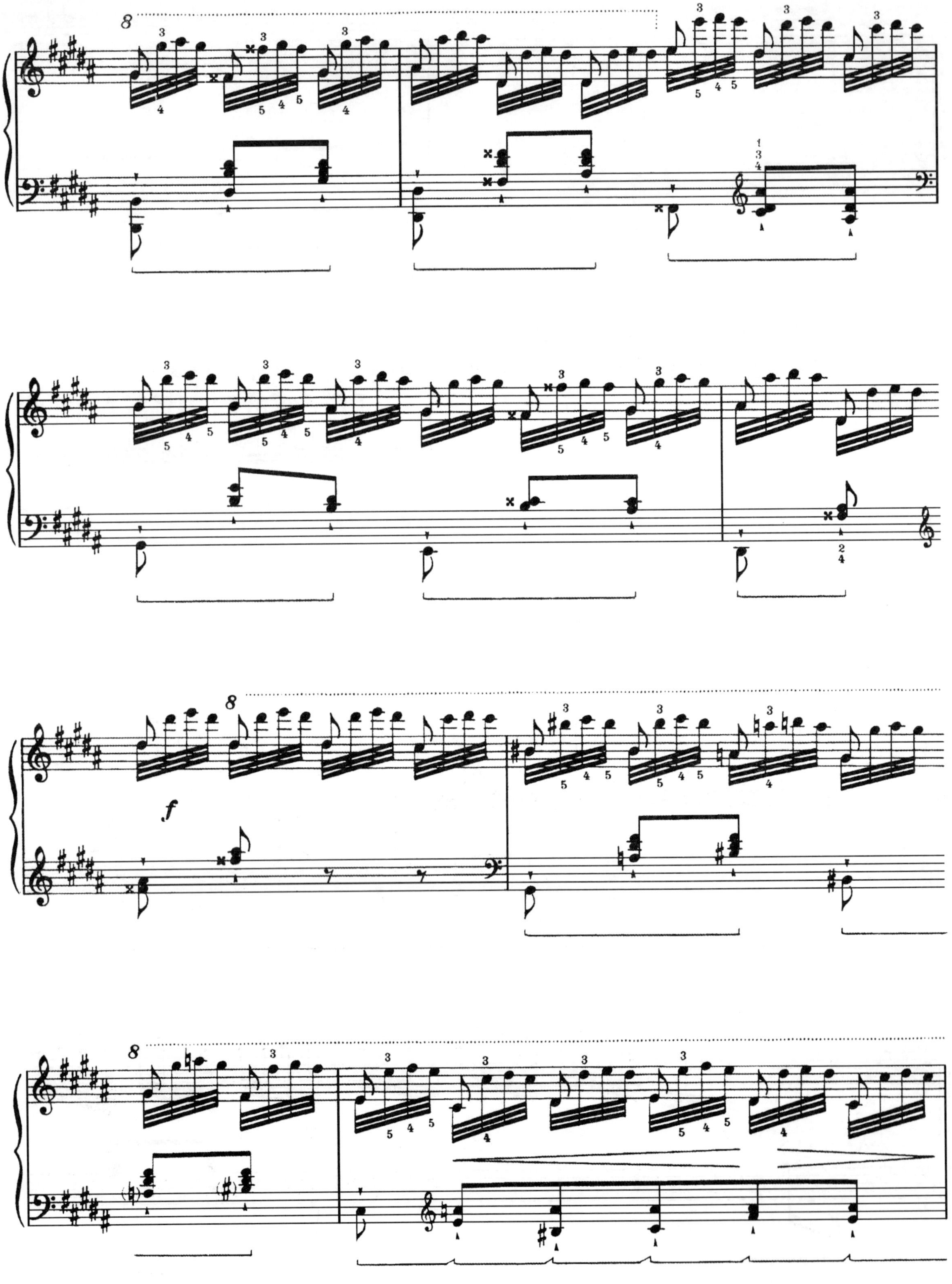

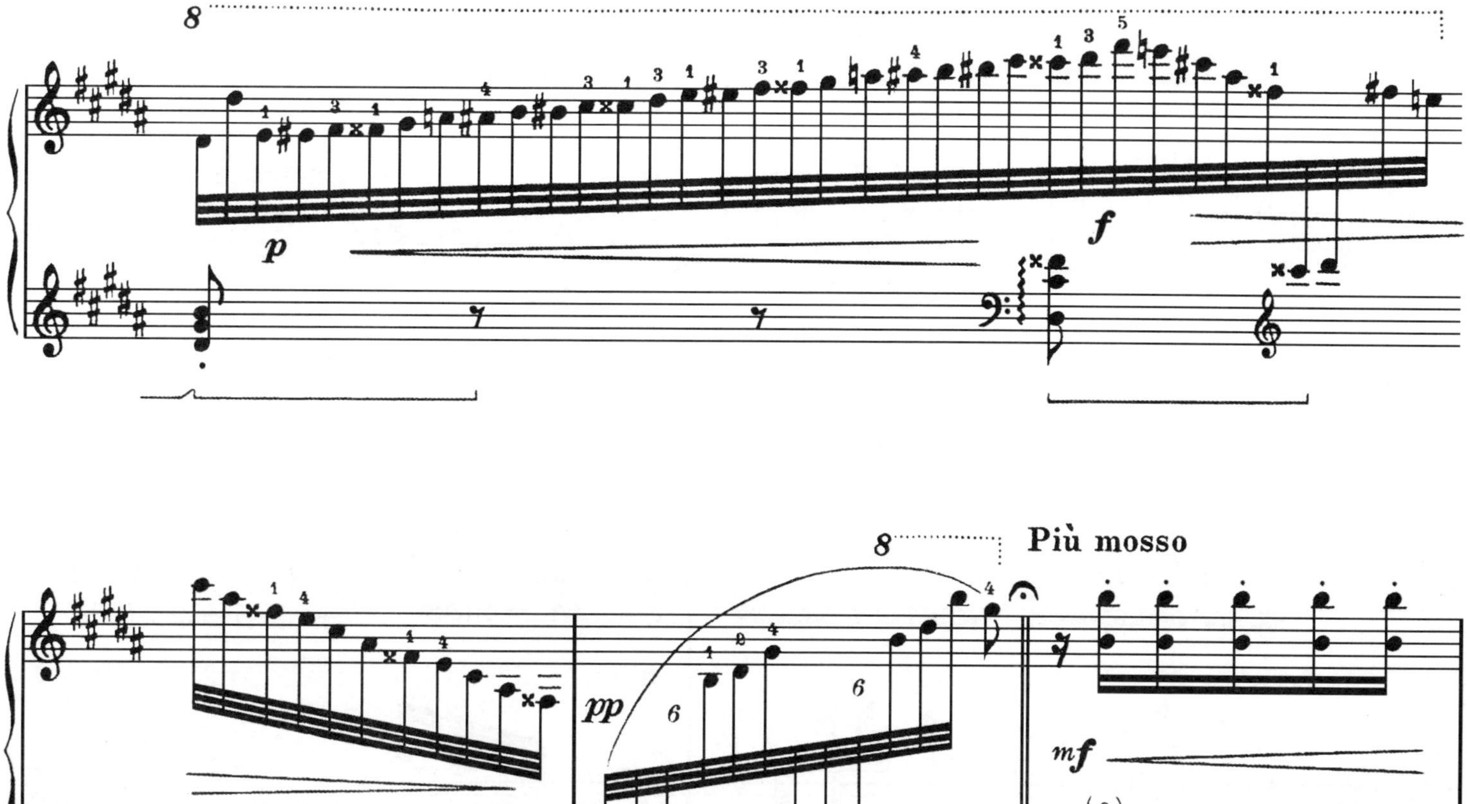
Più mosso

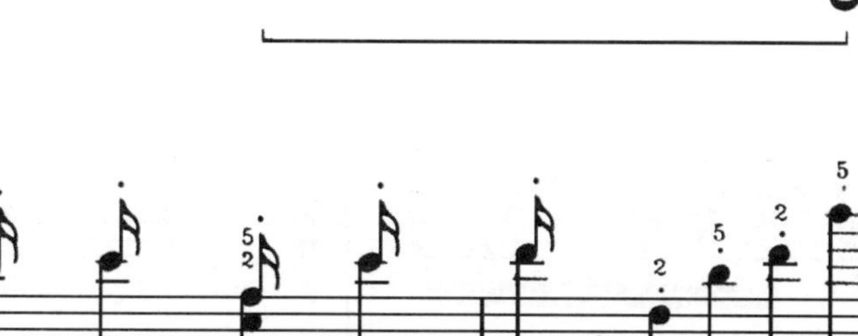
(a)
etc.
(b)
etc.

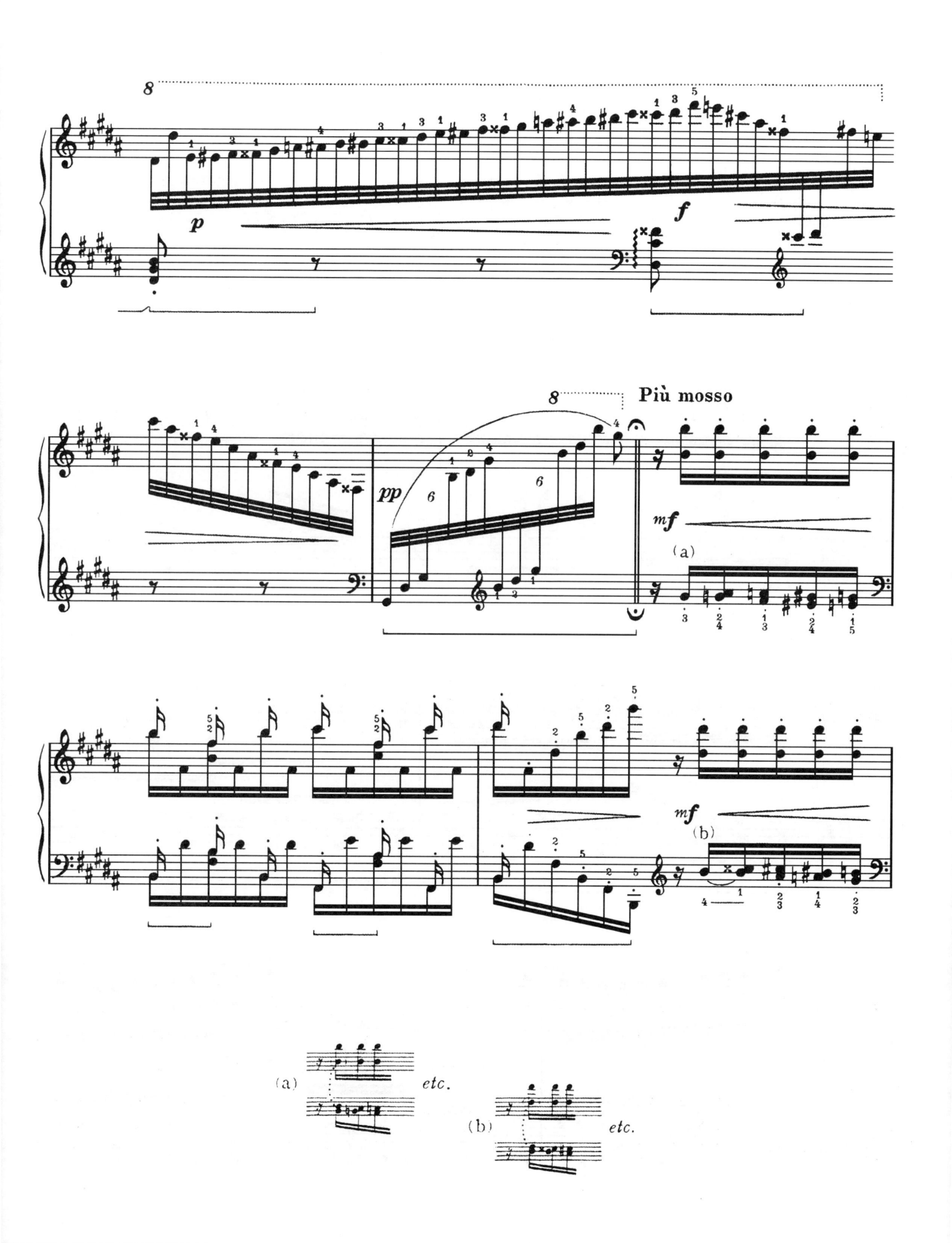

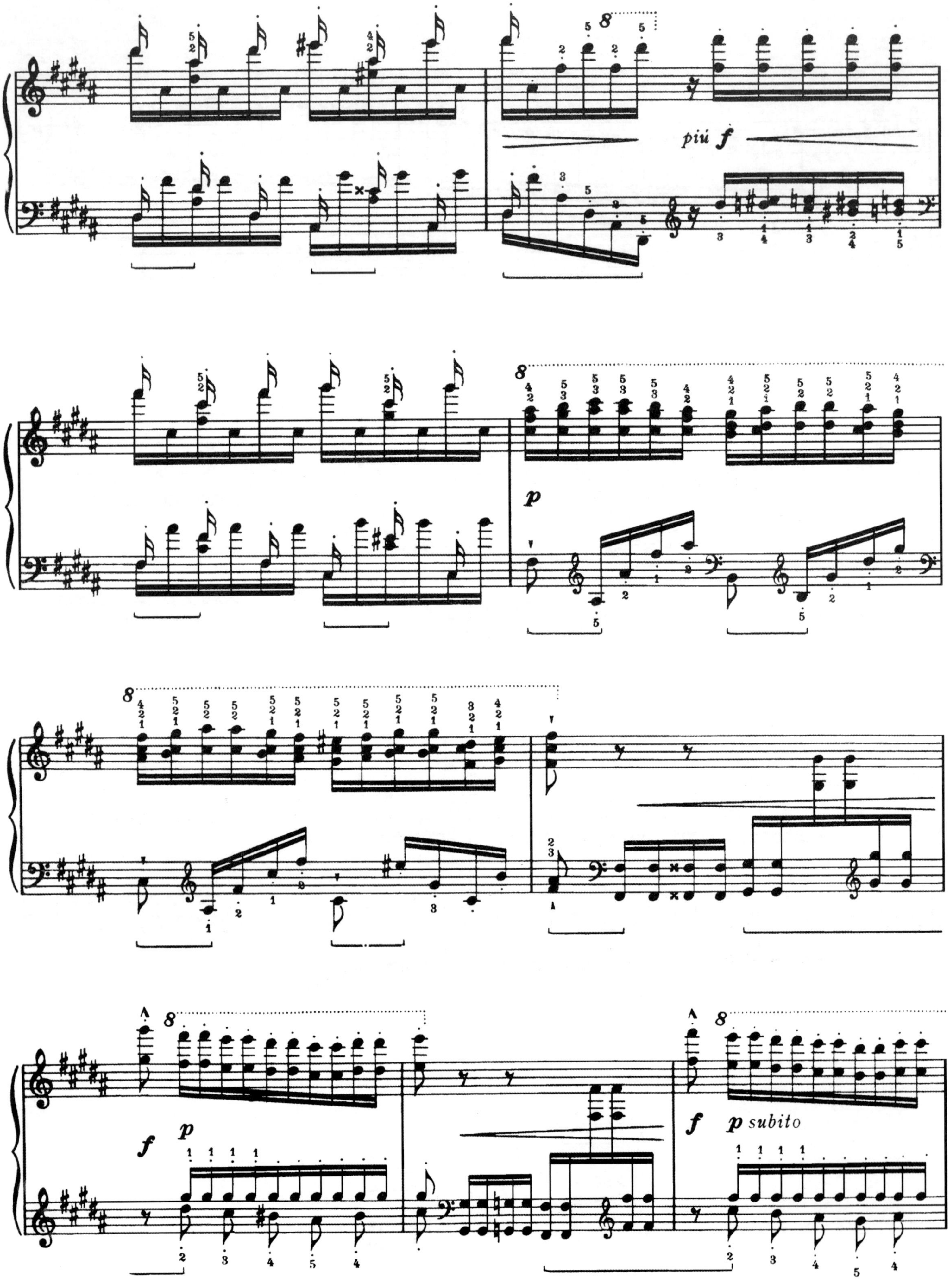
piú f
p
f
p
p subito

(a) Comummente esta passagem é executada em andamento muito mais rápido, quasi mesmo, em andamento dobrado. Realizada conforme o têsto (sem indicação especial para esse fim) essa passagem seria prejudicada perdendo grande parte de seu efeito.

(b) Algumas edições aconselham iniciar com oitavas esta parte da mão esquerda.

(a) *Fazer sobresair a entrada do tema em seguimento aos dois "ré" da mão esquerda.*

(b) *Execução:*

O MELHOR DA MÚSICA CLÁSSICA

Marcha turca

(Alla turca)
Extraída da Sonata nº 19

Revisão de Miguel Izzo

WOLFGANG AMADEUS MOZART

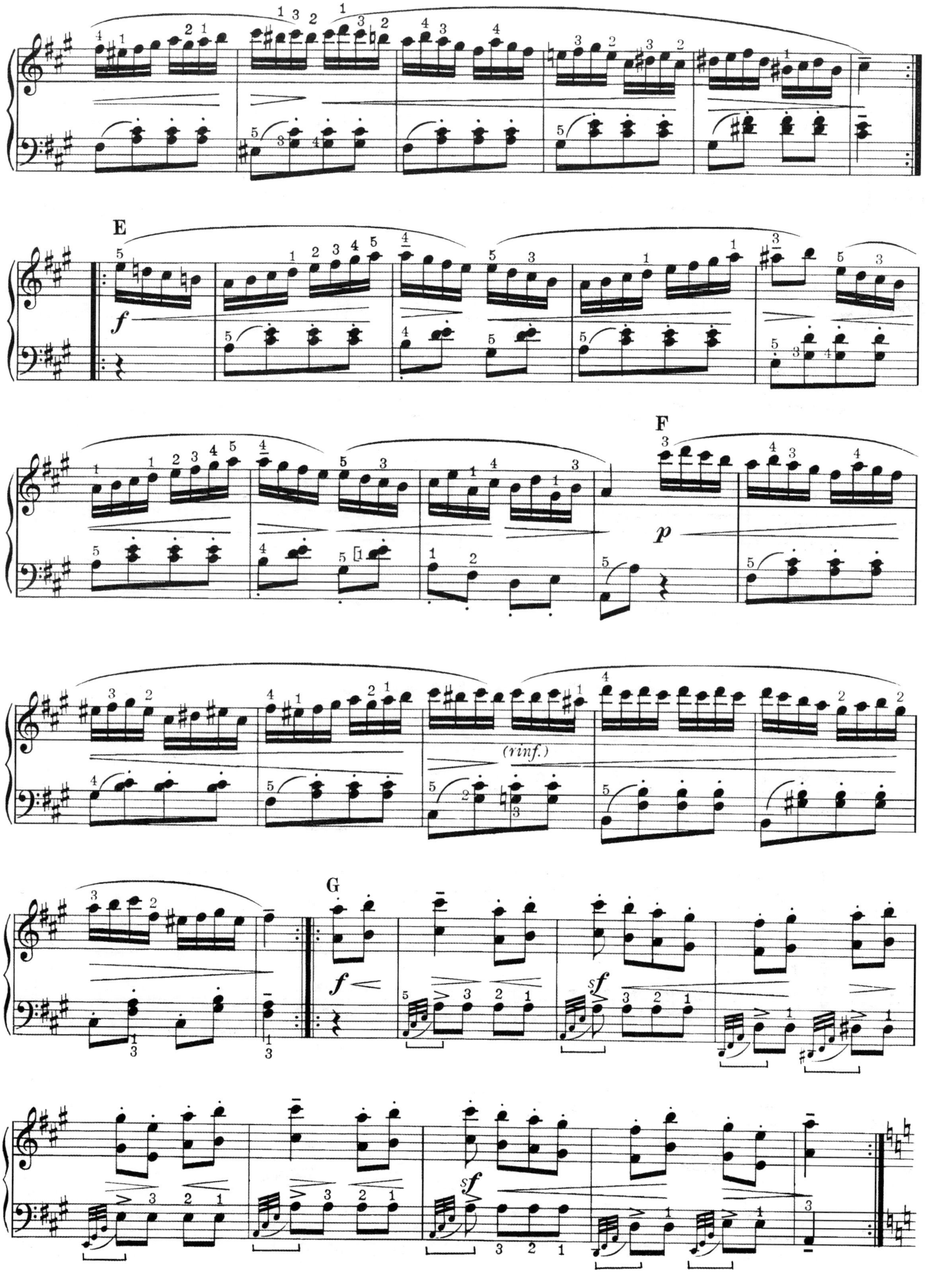
E
F
G
(rinf.)

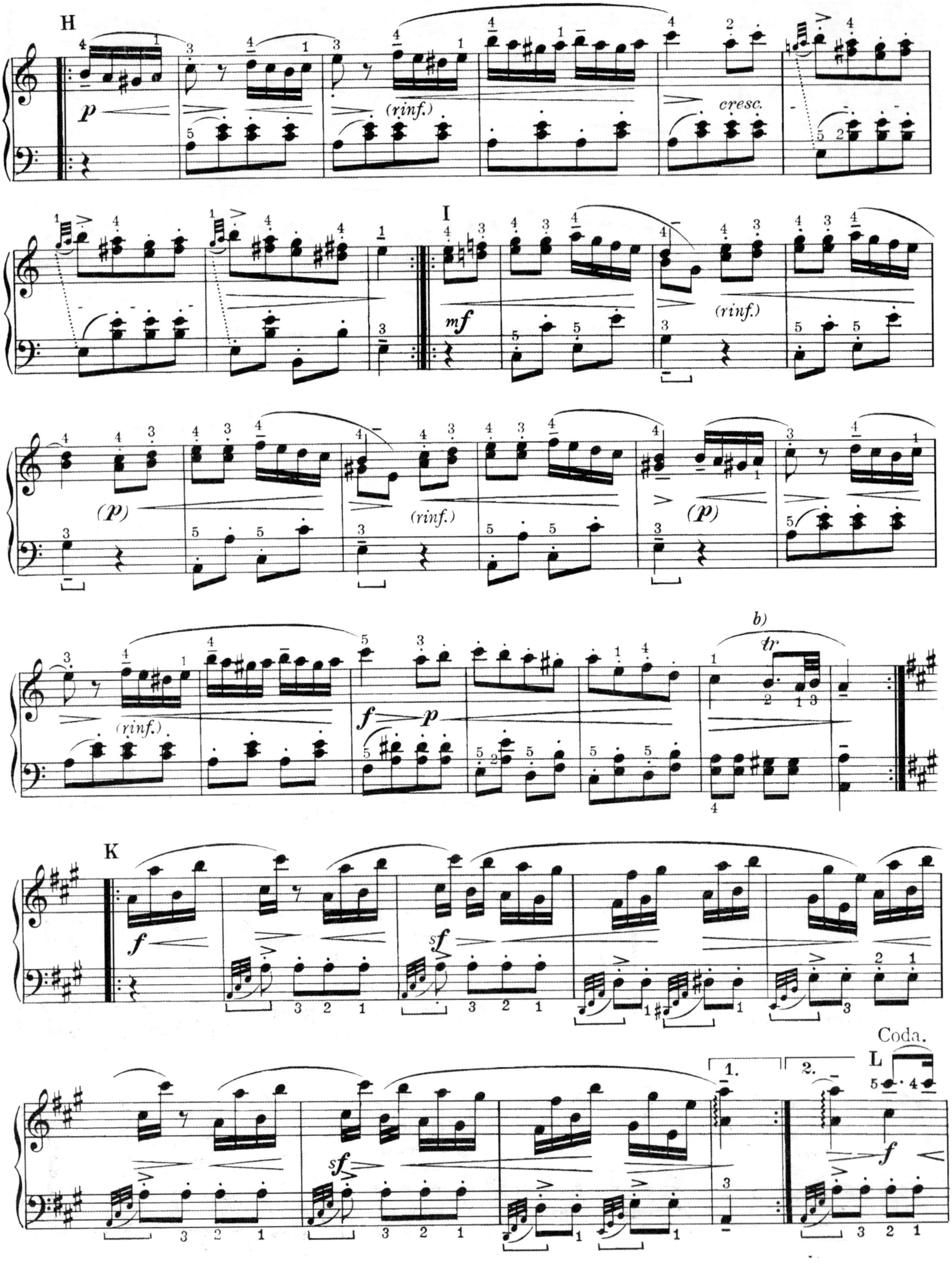
H
p
(rinf.)
cresc.
I
mf
(rinf.)
(p)
(rinf.)
(p)
(rinf.)
b)
tr
f
p
K
f
sf
sf
1.
2.
Coda.
L
f

O MELHOR DA MÚSICA CLÁSSICA

Ponteio nº 3

E. Villani Côrtes

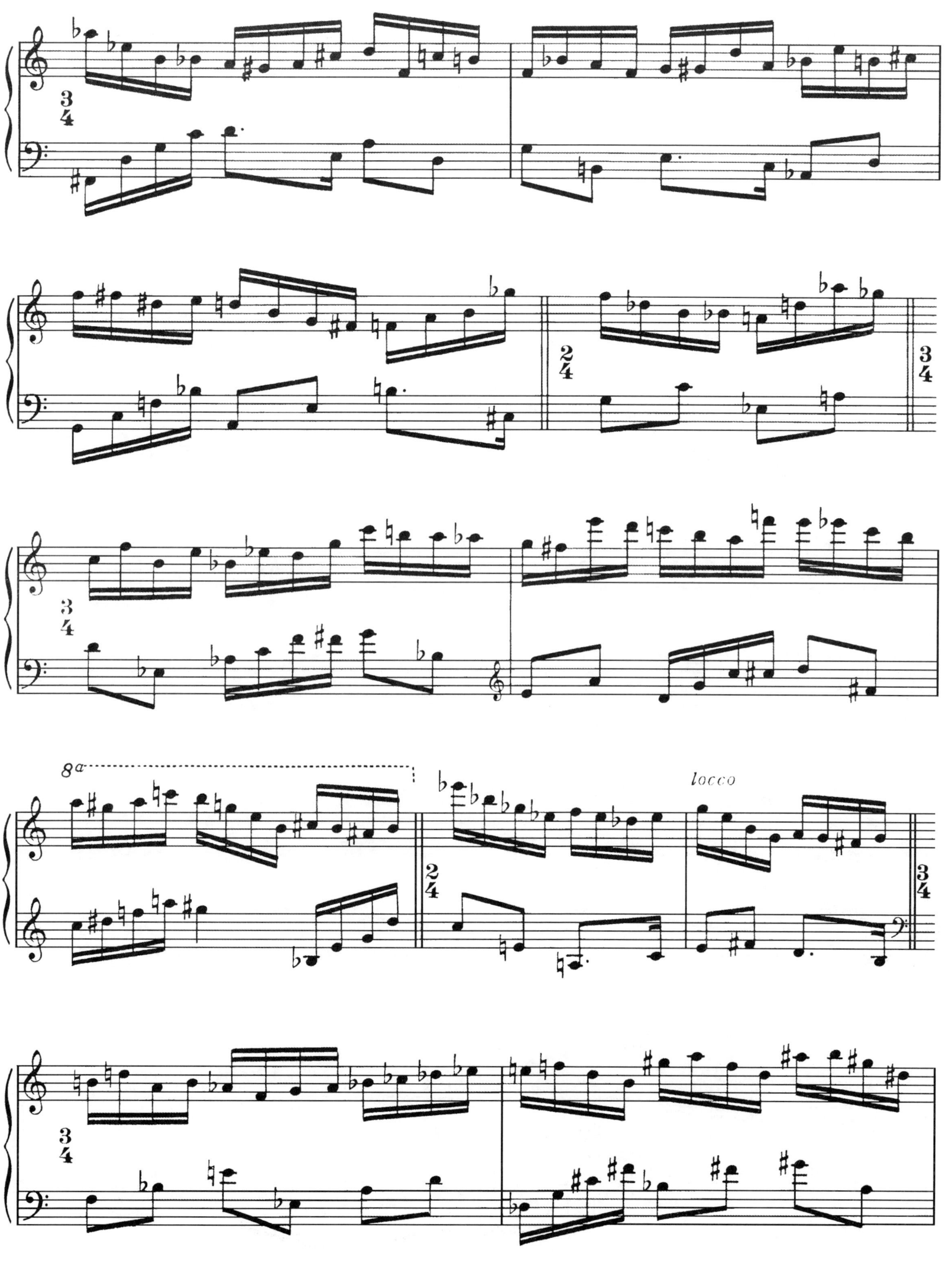
8a
locco

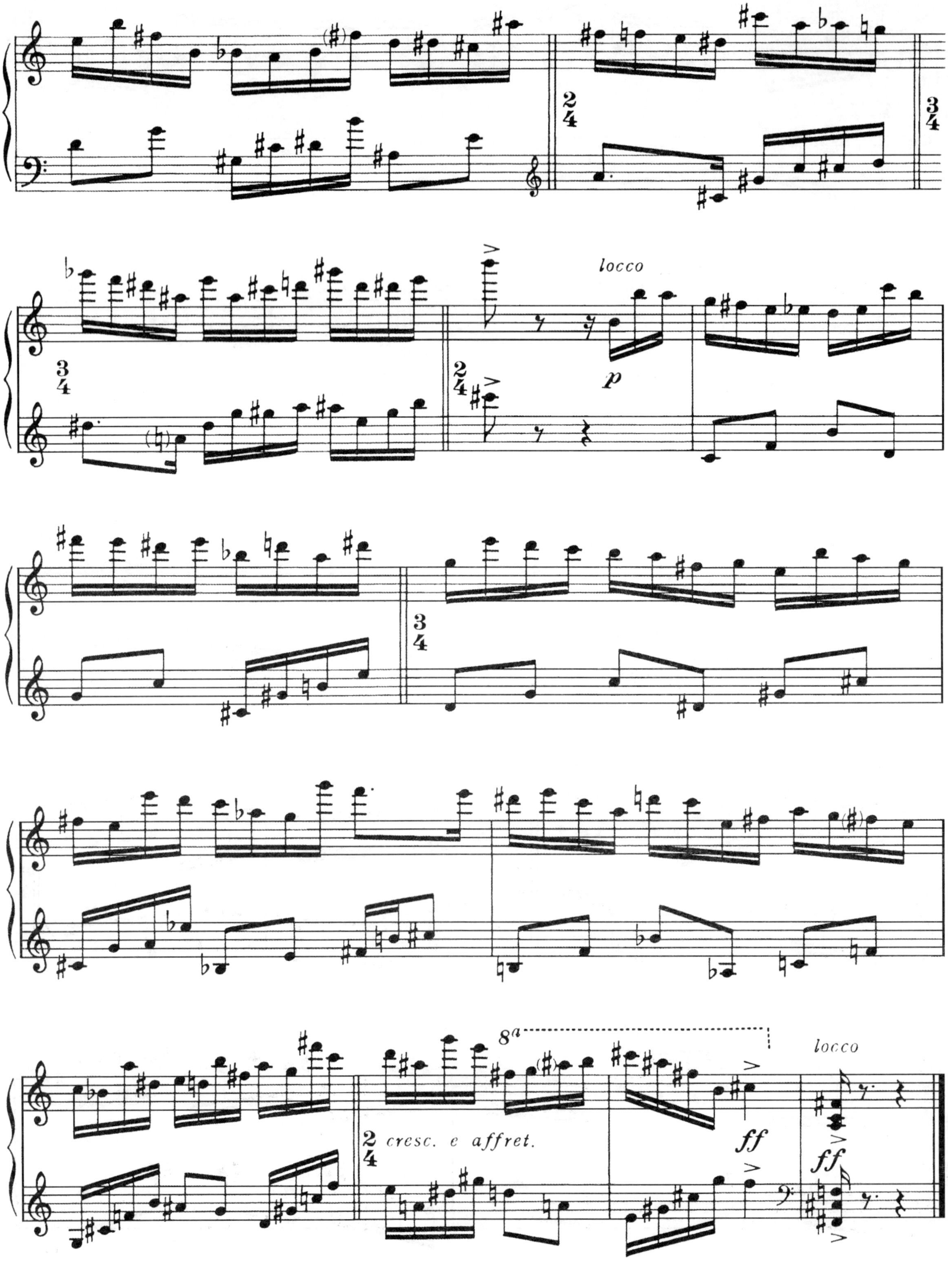
locco
p
8a
cresc. e affret.
ff
locco
ff

Marcha fúnebre

Op. 35

Revisão de Souza Lima

FRÉDERIC CHOPIN

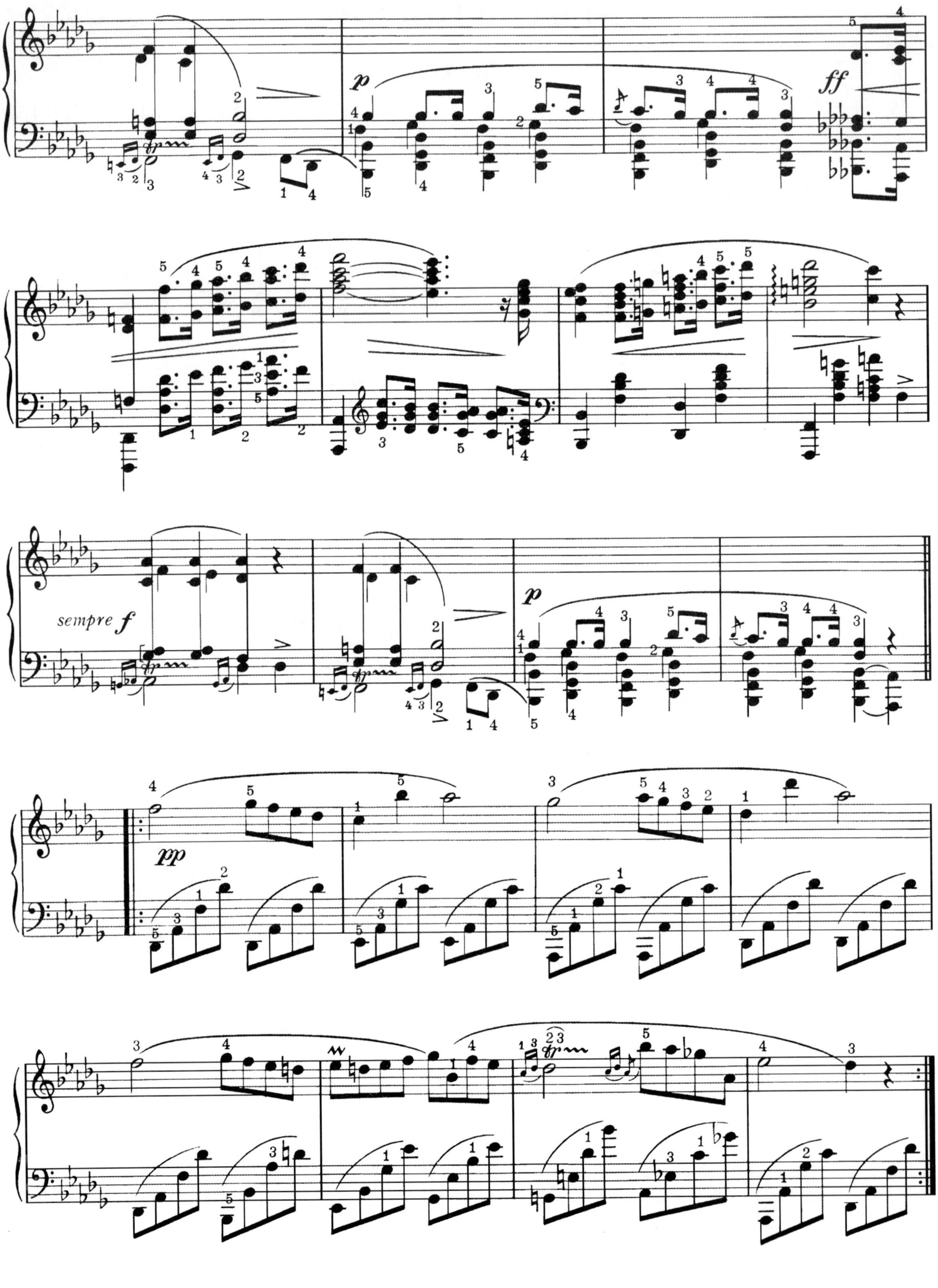

p
ff
sempre f
p
pp

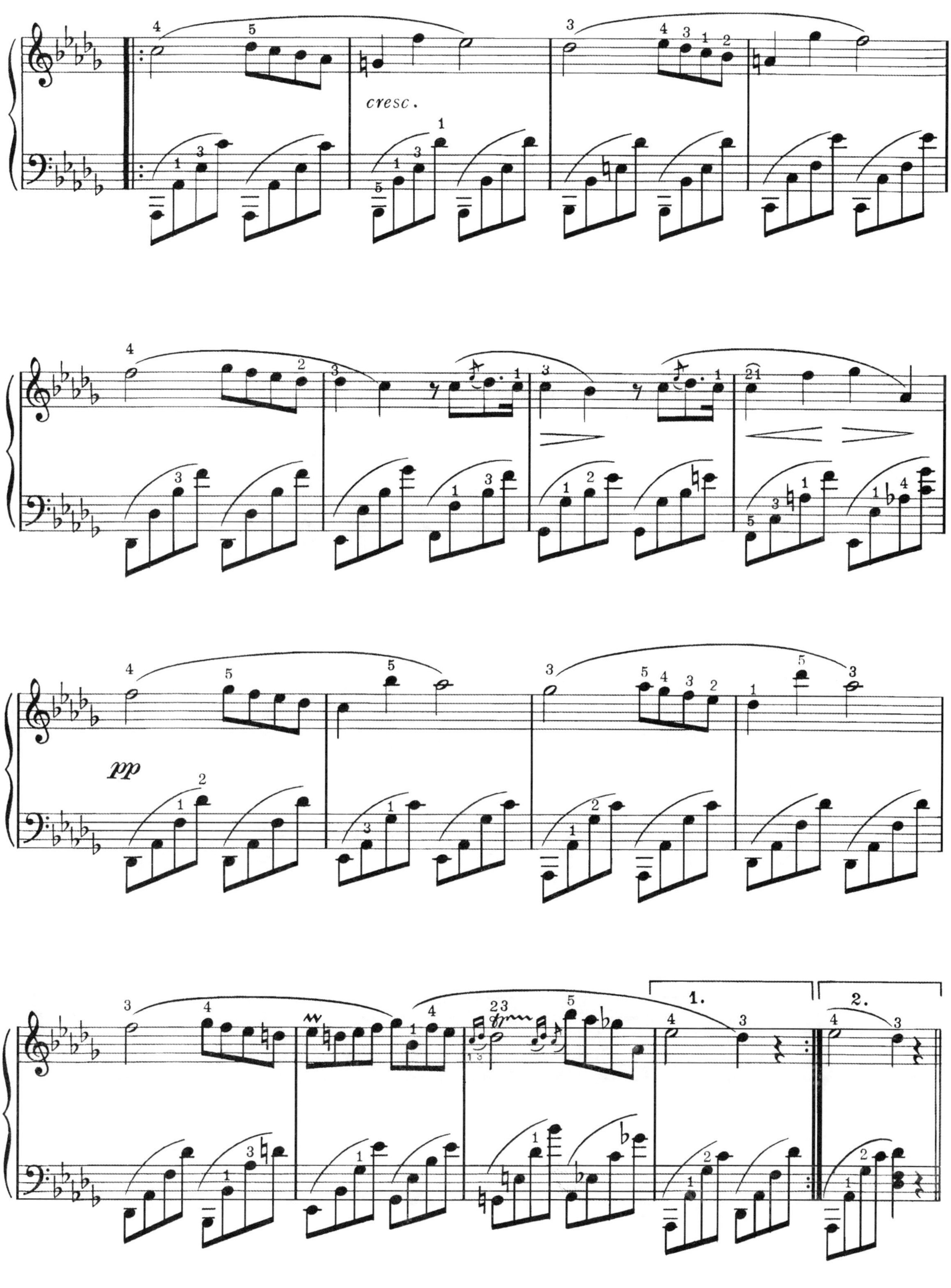
cresc.
pp

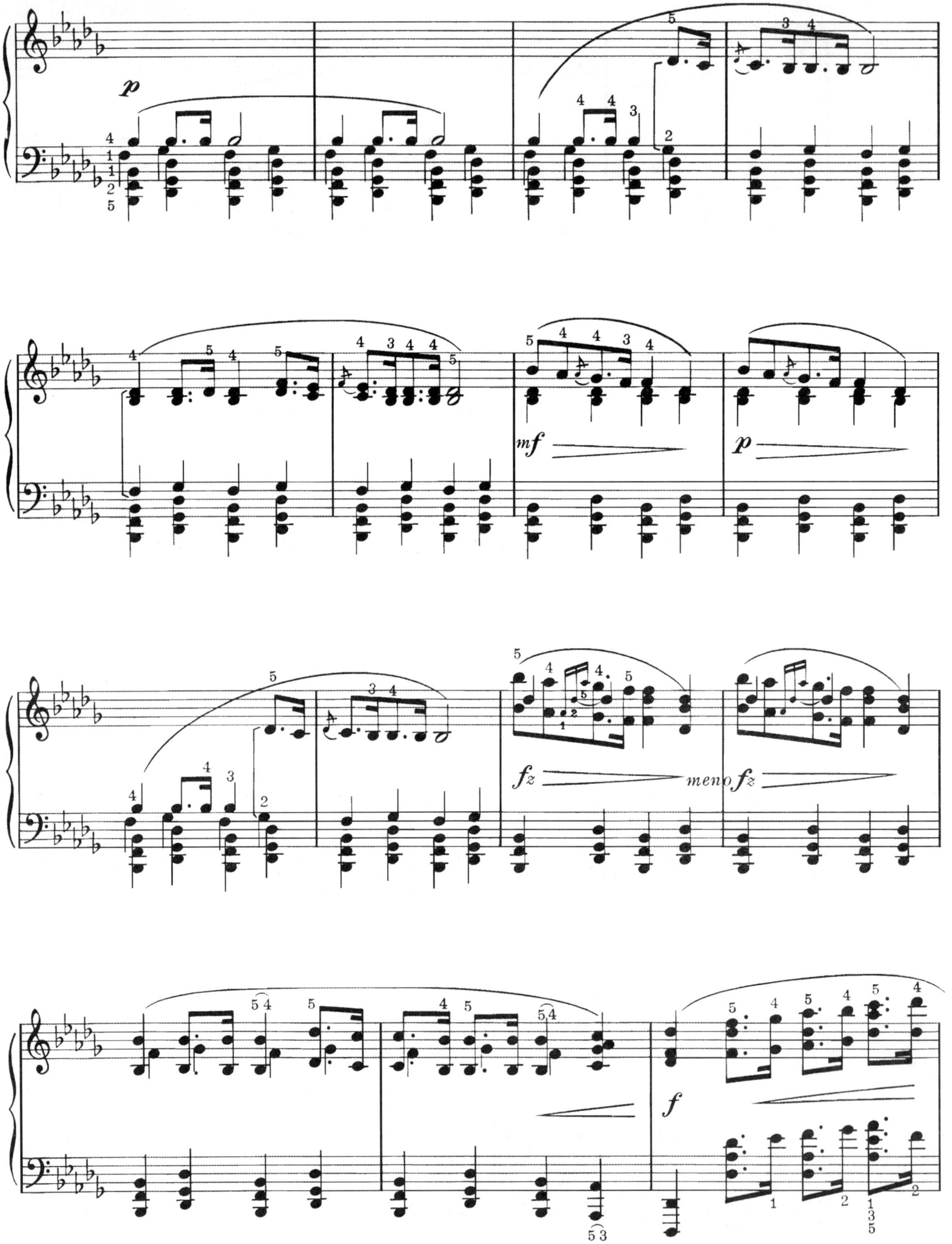
p
mf
p
fz
meno fz
f

O MELHOR DA MÚSICA CLÁSSICA